學術論文集叢書

朱雀點亮屏東偏鄉教育
——USR 實踐之旅

楊智穎、陳新豐　主編

本書各單篇論文，皆經由雙向匿名之
兩位審查委員通過出版

林序

　　2015年國際數學與科學教育成就趨勢調查（TIMSS）曾指出，臺灣學習弱勢的孩童有較高比例住在偏遠地區。其中，根據教育部統計，屏東縣有43%的國中小學位於偏遠地區，遠高於全國各縣市34%的比例，且屏東人口外流嚴重，師資流動頻繁，多年來屏東偏鄉學校皆為招聘教師所苦，如何減少教師流動率，是亟需正視的議題。

　　屏東大學長期深耕師資培育，是南臺灣師資培育的重鎮，基於大學所應肩負的社會責任，在分析屏東偏鄉教師的教學困境與成長需求後，為鼓勵大學教師走出學術象牙塔，強化師資生與教學現場之連結，2020年正式推動大學社會責任計畫——「朱雀先驅：屏東偏鄉三師共學模式」（以下簡稱朱雀計畫）。該計畫以三年為發展進程，第一年（2020年）在建立共學基礎；第二年（2021年）發展共學模式；第三年（2022年）則推廣共學經驗，合作場域聚焦屏東沿海和原住民部落地區的七所小學，分別是屏東縣佳冬國小、塭子國小、玉光國小、東海國小、大成國小、地磨兒民族實驗小學、佳義國小。

　　為開展偏鄉小學教師與師資生之教學知能，朱雀計畫整合本校教育學院、資訊學院、人文社會學院各學系師資，提供大學端專業協助與陪伴，並透過大學端教師、小學端教師與師資生共組多元社群，建立起共學模式。此外，朱雀計畫也規劃符合偏鄉教師專業成長需求的學分學程、微學分課程、工作坊、研習與系列講座，內容包括課程設計、教學活動安排，及班級經營策略等，同時鼓勵師資生將所學專業落實於在地學校場域，進而提升教學現場的教學品質。

　　經過兩年的耕耘，朱雀計畫主要展現的特色亮點包括：一、設計符合偏鄉學生所需的差異化教學策略，二、發展符合偏鄉人文特色的英文課程，三、協助偏鄉學校進行數位共學、幼小銜接教學與語文教學，四、強化師資

生文化回應教學能力，五、建構在地特色之素養導向偏鄉教育課程。2021年更透過研討會、座談方式，組織跨校與國際聯盟，如2021年3月辦理第三屆ICRU世界永續研討會，針對大學社會責任議題進行跨國交流；暑假期間團隊也突破疫情限制，舉辦Fun English線上英語夏令營，師資生在活動中融入本地文化與異國文化。8月舉辦「原住民偏鄉USR暨教材研發三師共學成果發表」，則邀請各界專家學者與會，由團隊教師分享執行USR計畫成果。

　　為紀錄團隊成員的努力，並期望大學社會責任的核心精神能永續經營，朱雀計畫團隊成員特將兩年來的執行歷程轉化為專書出版。本專書主要包含理論篇、實務篇與大事記三大區塊，收錄了六篇學術論文、七篇實務文章與教案分享，大事記則是將這兩年的重要活動，按時間先後次序編列，發表者除了計畫團隊的教師，亦包含校外跨域聯盟教師、實踐場域校長與主任，以及參與計畫的師資生。未來一年，團隊成員還會延續過去的核心主軸──「國境之南的教育夢：屏東大學三師共學」，並進一步把計畫成果與運行機制推廣至全國偏鄉學校及大學，希望藉此帶動各地偏鄉教學動能，為偏鄉教育注入滿滿的教育能量與希望。

2021年12月6日

目次

林序……………………………………………………林曉雯　Ⅰ

理論篇

如粿說
　——試論文化體驗課程設計與教學實踐……………古佳峻　3

PBL與大學社會責任：
　落實跨領域學習和素養導向教學……………………林俞佑　35

教育USR之英語向下扎根：
　偏鄉教師幼小共學之敘事探究………………………陳惠珍　51

偏鄉學校運算思維教材的發展與評估…………………陳新豐　79

我在屏東偏鄉「實踐」USR：
　生命敘事取向…………………………………………楊智穎　95

屏東縣排灣本位國語文教材之分析……………………鐘文伶　111

實務篇

地磨兒e點就通
　——屏東偏鄉三師共學與地磨兒國小…………………唐世勇　129

大學社會責任與教學創新
　　——以PBL導入小學原住民國語課程教案設計 .... 張鳳玲　137

偏鄉數位共學 .... 楊志強　147

戀戀石光見
　　——閱讀故鄉大書 .... 廖淑珍　163

素養導向英文教學實踐 .... 潘怡靜　171

排灣族文化跨領域學習之主題課程思考與設計
　　.................................... 陳惠珍　朱晨華、宋芳真、葉芷翎　179

玉光校訂課程設計
　　——玉你議起彩集家鄉的美
　　　........... 黃子瑄、徐翎甄、陳曉蓉、王祈雯、劉芷寧、施怡如　239

大事紀 259

理論篇

如粿說
——試論文化體驗課程設計與教學實踐

古佳峻

國立屏東科技大學研究總中心助理教授級研究員

摘要

　　文化體驗教育計畫為一○六年度以來由文化部及教育部跨域合作的整合型徵件計畫，藉以藝師專業能量、社團企劃能力、學校場域及教學理念的整合。本研究以社團法人屏東縣愛鄉協會申請一○九年度計畫「如粿說，讓我們從手做認識米食文化」為範疇，論其計畫本意、執行理念與經驗、成果，並就此探論藝師傳藝在體驗課程中必須轉譯的傳統知識、興趣要件、素養導向指標，以及啟發積極了解的動力，而從中需要有民間社團或大學師生的加入作為中介詮釋者，讓專業技藝能夠在中小學推廣時減少排斥感，也能提供USR計畫執行作為前沿培力的參考。

關鍵詞：社團法人屏東縣愛鄉協會，米食文化，文化體驗

Rice Culture

A thesis on the course design and pedagogical implementation of cultural experience courss

Ku Chia-chun

Assistant Professor, General Research Service Center,
National Pingtung University of Science and Technolgy

Abstract

  Cultural Experience Education Project is an integrated submission-requesting project stareed in 2017. It is a cross-domain cooperation between Taiwan's Ministry of Culture and Ministry of Education. The project integratesthe professionalism of traditional chefs, the planning ability of social clubs, schools in communities, and teaching philosophy. The aim of this study is to illustrate the purpose, philo-sophy, and experience of the project's implementation and the outcome of the project called "Let's Get to Know the Rice Culture by Hand Making", which was set up by Pingtung Citizens Association in 2020. We further explore and discuss the traditional knowledge, elements of interests, competency-driven index, and the strength of stimulating a positive understanding of traditional cuisine that needs to be interpreted by traditional chefs in workshops. Moreover, some non-governmental organizations and college teachers and students participated in relevant activities as intermediary interpreters, in order to reduce students' sense of rejection while promoting traditional skills in elementary and high schools. This can become a reference for the pre-training of the university social responsibility (USR) project implementation.

Keywords: Pingtung Citizens Association, rice culture, cultural experience

一　前言

　　「文化體驗教育計畫」為一〇六至一〇七年度文化部與教育部聯手推動的整合型徵件計畫，徵件補助由藝術工作者或團體提擬以電影類、視覺藝術類、音樂及表演藝術類、文學閱讀類、文化資產類（包含建築、有形及無形文化資產等）、工藝設計類等六大領域，啟發學生對文化藝術之感知及興趣、媒合文化及教育資源，並將補助計畫與教育部「藝拍即合」資訊網站平臺結合，並能持續推廣文化體驗。（文化部，2019）

　　本文以社團法人屏東縣愛鄉協會申請一〇九年度文化部文化體驗教學計畫「如粿說，讓我們從手做認識米食文化」為主要討論範疇，本計畫實以「文化體驗」為任務，希望在中小學教學裡結合原有課程以傳承專業的文化知識、實作互動作為手段、並以素養導向作為實施法則。

　　「如粿說，讓我們從手做認識米食文化」本案以筆者與蔡建生作為課程設計者，其建構以米食為訊息的五堂課，邀請長治鄉華成餅店林國周師傅、內埔鄉鄭記客家美食坊鄭鈺美師傅、高雄市粿模收藏家黃鳳鳥先生、及古佳峻參與米食文化概述及紙漿糕餅創作等。課程由引導至討論，由不同齡層受眾參與麻粢分食體驗、手做文公粄與驚奇粿、捏塑鳳片龜、塑脂土糕餅吊飾、紙漿粿明信片等，並藉文化回應「以文化標的物來傳授知識、技巧和觀感」之概念（解志強等，2006），回溯各地區生活經驗之表述，並希望作為大學社會責任計畫的培力參考，由企業與專家的長期關注及互助模式，進而合作開設系列課程之推廣，能增加大學與社會（社區）的共好關係，此計畫即是以米食文化為核心，集合企業成為夥伴關係，進而整合為文化體驗課程之案例。

二　設計「如粿說」

　　社團法人屏東縣愛鄉協會在過去以「對抗」面對社會議題組織團體於一九九六年，起初動機是爭取保留屏東糖廠煙囪、萬年溪不加蓋、女性文化推

動、閱讀及藝文活動推廣（古佳峻、黃鼎倫、王國安、黃碧玉、李虹叡，2017），近年則公私合營以「飛行聚落」調研屏東市日軍飛官宿舍群、屏東菸葉廠文化調查報告、屏東市「舊市萬勝」小旅行規劃等，於二○一九年提擬「如粿說，讓我們從手做認識米食文化」，希望將高屏地區的米食傳統技藝配合學校課程，讓這一世代有傳承的機會，因此參與臺南生活美學館所策劃的課前會議、修改計畫書、工作坊及討論、觀課及課後會議、修改計畫與登錄藝拍即合專案，提供永續性的文化體驗教學課程供給所需要的學校進行媒合。（張麗玉，2020；鄭黛瓊，2020b）

設計課程之初，原以紅龜粿作為核心，然而又深慮單一款式的糕粿可能難以深化與生活經驗的關係，便將核心設定為「米食文化」，並串聯不同米食的工序、形象、食材，讓豐富多元的傳統米食成為一種策展式的具現。另外需有執行教學計畫之配合學校，本案與屏東高中接洽，媒合何維德老師班級的獨立研究課程及阿緱生活學之校本課程（school-based）作為五門課執行文化體驗教學，因而此教案的原設計也針對高中為設計。計畫課程大綱如下所示：

\multicolumn{4}{c}{課程大綱}
週次	單元名稱	教學目標	教學重點
1	課程1： 【如粿說，我也喜歡你？】 古佳峻 （紙，有唯一手做團隊）	・能了解米食的定義。 ・能夠主動發言對於米麵經驗的感受。 ・能團隊設計吃麻糬的方式並與其他組別分享方法。	◎開啟文化體驗課程，引導學員回溯自己接觸「米食」的近期及過往經驗，呈現臺灣的米食經濟與時代風氣，藉一包客家麻糬（糍／粢／餈）讓各組創意發想，如何將一包麻糬分食共有，以貫徹吃的實踐精神。 ・介紹「文化體驗」 ・早餐吃了沒？ ・如「粿（粄）」說

<table>
<tr><td colspan="4" align="center">課程大綱</td></tr>
<tr><td>週次</td><td>單元名稱</td><td>教學目標</td><td>教學重點</td></tr>
<tr><td></td><td></td><td></td><td>• 現在我想來吃一包麻糬
• 讓我們繼續吃下去</td></tr>
<tr><td>2</td><td>課程2：
【客家粄文化與韓愈文化祭】
鄭鈺美
（鄭記客家美食坊負責人）</td><td>• 能清楚知道粿的實質素材與形體。
• 能在實作過程中，指導同組學員工序步驟。
• 能品嚐粿品後，說出製作歷程及口感敘事。</td><td>◎粿的記憶，也許是一塊紅龜粿，然而在屏東有一種與讀書人文化有關的粿，這又與鼎鼎大名「韓愈」有關，透過故事短講、文學解讀、文公粄實作，感受一顆不同形象的米食粿品。
• 一千年後的內埔昌黎祠
• 聽故事，鄭記客家美食坊
• 展功夫，示範製作文公粄
• 親製作，挽袖洗手來打粄
• 驚奇粿，創意無限！
• 吃手做，聽說讀寫你的粿</td></tr>
<tr><td>3</td><td>課程3：
【從「鳳片糕」認識祭品捏塑藝術】
林國周
（華成餅店負責人）</td><td>• 能願意嘗試鳳片糕的味道。
• 能夠完成組別內的捏塑工序。
• 能夠複誦鳳片製作的歷程及相關的文化意涵。</td><td>◎「鳳片糕」是非常傳統的糕點之一，本課程邀請老餅店藝師完成講授，並藉由鳳片糕在臺灣民俗中的圖像應用及捏塑技巧，突顯各區域的文化回應，讓學員分組親自習藝，製作屬於自己的米食尪仔。
• 捏塑藝術與糕餅的一種親密敘事
• 展功夫，林師傅的鳳片豬羊
• 品味時間
• 親手做，挽袖洗手來做牲禮
• 神豬神羊我最帥！</td></tr>
</table>

課程大綱			
週次	單元名稱	教學目標	教學重點
4	課程4： 【粿模達人收藏鑑賞與創意吊飾】 黃鳳鳥 （粿模傳奇、小鳥工作室負責人）	・能主動觸摸並觀察糕餅印模。 ・能引起自我好奇，詢問圖像文化。 ・能親自壓印吊飾，並指導夥伴完成作品。	◎粿模收藏家分享收藏文物與認識印模藝術的經歷，帶著數十把有故事的印模讓大家觸摸感受與聽故事，並以黏土壓印特殊糕仔吊飾，讓傳統藝術有新的詮釋方式。 ・說故事，我是粿模達人 ・摸印模，感受不同紋理 ・拜藝時間 ・創意時刻 ・印小粿，屬於我的藝術
5	課程5： 【「祭龜」信仰與紙塑紅龜粿】 古佳峻 （紙，有唯一手做團隊）	・能就課程講授聯想到過去接觸的龜圖像祭物。 ・能說明紅龜粿的基本要素。 ・能夠自製紙漿並完成紙塑紅龜粿的任務。	◎閩臺民俗中都有龜圖像祭物的文化，於是藉著多年調查記錄，以趣味性引導大家認識龜文化的發展、供桌上的龜品、並且實際認識紅龜粿，以紙漿媒材壓製創新紙糕餅，從中觀察龜粿紋路、發展新思維。 ・說烏龜的故事 ・廟會裡的龜 ・製作屬於你的紙糕餅 ・畫我的紅龜粿 ・心體會，我的世代創意

（一）以「傳承」為初衷

　　計畫提案初期，即以「米食文化衍生出的產品種類眾多，其中又以廟宇慶典所需的龜粿文化最為特殊，其特殊在於龜粿僅在某些慶典期間或節日才

有之,且製作所需的粿模圖樣又具有吉慶寓意,一般民眾由於太過熟悉而容易忽略的細節,因此期望透過課程活動引發學子對米食文化、龜粿文化的興趣」為理念構思,從「紅龜粿」的本質作為衍生,議題涉及到食材、圖案、工具、技藝、節日慶典及民間故事,然而又考量「體驗」操作在課程中的表現方式,才又將紅龜粿的本質延展為「粿」文化議題的發想。

　　設定「如粿說,讓我們從手做認識米食文化」為計畫名稱,是以米食文化作為課程執行核心,紅龜粿便為計畫面向之一,其本質仍圍繞在傳統米食概念的推動,納入傳統糕餅業者及收藏家的資源成為課程一環,其中更希望將傳統的糕餅文化知識帶入校園,尤其「粿」和「鳳片糕」皆屬臺灣傳統節日中易見的米食,因時代變革,鮮有師傅願意離開自己的製作場域開班授課,更何況是以體驗教學為應用,以致在計畫之初,便媒合內埔鄉鄭記客家美食坊和長治鄉華成餅店作為課程中「傳承」的角色,說服藝師能夠調整製作工序及場所條件,又兼顧體驗過程需依照糕餅原有製作手法,以達到師傅們所期待的「傳承」。

(二)五堂課的米食風景

　　課程規劃上,原訂四門課,各三小時,分別以鄭鈺美手做粄食、林國周揉捏鳳片牲禮、黃鳳鳥創意吊飾、古佳峻紙塑糕餅依序了解生米糰壓印製作的傳統性、熟米糰捏塑與祭典的藝術性、黃鳳鳥以印模收藏鑑賞及衍生創意價值、古佳峻回歸紅龜粿的文化感受。然受限於中小學課程時間,只好拆解為五門課的規劃,將原四門課的課程引導整合為第一堂課「如粿說,我也喜歡你?」作為課程發端,希望藉由這堂課啟發學生興趣,了解以米食文化為核心的計畫目的。

　　五門課課程的主題規劃及體驗目的,希望從學習者生活經驗談起,回看生活日常中與米食的接觸經驗,並回憶接觸米食的過程和感受,作為課程的共享記憶,再經由藝師指導及計畫整編教材相互參佐,逐步在不同規劃中觀察不同面向的米食關鍵,經由五感的活動體驗,口嚐、注目、嗅聞、觸摸、

心境表述不同米食的從無到有的具現過程，課程規劃概述如下表：

講師	課程主題	手做體驗	課程關鍵提要
古佳峻（紙，有唯一手做團隊）	如粿說，我也喜歡你？	麻糬分食	・米食種類 ・國人生活的米／麥文化多樣性 ・反思自己的早餐吃了什麼？ ・辨識米麵製品 ・團隊分組，如何將一包麻糬，等分分食，實踐臺灣米食文化中的「分享」概念
鄭鈺美（鄭記客家美食坊負責人）	客家粄文化與韓愈文化祭	創意驚奇粄	・客家粄文化，以及你認識的粿品項 ・探問「最有印象的粄」 ・來自內埔、具有故事的文公粄 ・韓愈為何來臺灣？ ・昌黎文化季裡的驚奇創意粄 ・手做粄粿，說一則屬於自己的故事
林國周（華成餅店負責人）	從「鳳片糕」認識祭品捏塑藝術	鳳片糕製做	・臺灣祭典裡的捏塑藝術鑑賞 ・捏麵人／看桌／豬羊份／龜桃介紹 ・老師傅工作坊：老餅店日常介紹 ・鳳片，為何物 ・製作鳳片豬（或羊） ・各組依照老師傅示範後，開始手做屬於自己的鳳片

講師	課程主題	手做體驗	課程關鍵提要
			豬（或羊） ・評比創意
黃鳳鳥 （小鳥工作室負責人）	粿模達人收藏鑑賞與創意吊飾	創意糕餅吊飾	・我們怎麼看待糕餅藝術？ ・糕餅印模的類型與節慶關係 ・糕餅與生命禮俗的傳統俚語 ・感受老餅模子的木雕印紋的深刻 ・親自製作屬於自己的塑脂土壓印吊飾
古佳峻 （紙，有唯一手做團隊）	「祭龜」信仰與紙塑紅龜粿	紙塑龜粿明信片	・回味前四門課從傳統米香到創意吊飾的經驗 ・認識紅龜粿以及他們的兄弟們 ・紙漿取代米糰的初衷 ・壓印後，可以永恆鑑賞一塊糕餅 ・實作紙塑 ・總結分享並欣賞自己的課程創意

　　根據五門課程規劃的教學目標，並以一〇九年度於屏東高中執行案例作為說明，如下所述：

1 從生活談起，認識米食的多樣性

　　古佳峻為本計畫提案人之一，目前為大學教師及社團法人屏東縣愛鄉協會理事長，曾多年研究臺灣傳統糕餅及乞龜文化，本計畫亦是博士論文《臺灣龜圖像祭物文化詮解》之衍生。

　　第一堂課「如粿說，我也喜歡你？」先以問題引導學生「今天早餐吃了

什麼？」，進一步思考「哪些屬於米食？」，再以投影片資料式提出「臺灣歷年個人食米量的數據及小麥進口的數據」呈現飲食習慣的變動，思考「斯土斯情」、「進口」、「碳足跡」等食育問題，並在課程中「辨識生活中飲食的米麵之別」。最後，提供一組一包麻糬及花生芝麻粉等，麻糬是生活中較易接觸的米食，然多以分糰包餡，經加工完成，課程中提供一組一糯米糰，思考如何以筷子或其他工具分食共享，以發揮團隊創思及解決問題的訓練，此課程讓各組共同處理一件未曾接觸過的事物，在學習過程中相互討論、扶持而培養具有歸屬感的團隊性，再由分食麻糬過程探索「等分」、「黏米性質」、「克服沾黏」等實驗性，以此作為第一堂課（見圖一）。

2 壓印的粄，區域和族群的米食

鄭鈺美老師為鄭記客家美食坊負責人，營業於竹田鄉西勢村忠義亭旁和內埔鄉興南村自宅，其接續母親手藝傳承至今六十多年，「美食坊成立時間雖短，鄭鈺美承繼母親手藝，足以是地方上重要的製粄人家，尤在西勢小鎮，兼賣水果、農產、及自製粄粄，清早八點左右已是成行成列的在地老少採買的美好天光，鄭鈺美想的是服務地方，想的是把家裡的味道分享給大家。」（吉士博，2016）身為客家民族致力於製作客家傳統粿粄進行販售，如草仔粿、紅龜粿和芋仔粿等，近幾年更擔任屏東縣內埔韓愈文化祭文公粄製作廠商，藉由特製的文官帽粿模壓印出有別以往所見的紅龜粿造型。

第二堂課「客家粄文化與韓愈文化祭」先介紹「客庄米食」的類型，並喚起大家對美濃粄條、客家水粄、米篩目（老鼠粄）、發粄、新丁粄的認識，進而介紹鄭鈺美老師在屏東縣客庄經營製粄事業的小故事，並聚焦「昌黎祠韓愈文化祭」從內埔六堆書院文化、廣東潮州韓江的祭鱷魚臺及〈祭鱷魚文〉、及鄭鈺美研製「文公粄」與「驚奇粄」的小故事（張美香，2014），每人製作一個文公粄感受壓印技術外更可親近韓愈文化，再製一個屬於自己創意的驚奇粄，最後讓大家在觀察蒸炊過程中回饋本日學習感受，並分享一日製粄經驗（見圖二）。

3　捏塑的糕，祭典裡的手感記憶

　　林國周師傅為長治鄉繁華村華成餅店第二代負責人，由父親開業於一九六六年，為地方傳統糕餅店之一（謝欣珈、陳柏諺、洪郁心，2019）。傳統糕餅店負責準備各種廟方或信徒所需的糕點三牲或粿粄，配合節日與慶典為信仰者提供適時適地的米麵食。因考量製餅需要烤箱，鹹糕僅單純攪拌壓印，因此與林國周師傅多次討論將「鳳片糕」作為課程，製作成豬、羊等動物形象的米食糕點，此為熟糯米粉與糖清仔（糖漿）所拌製而成的糯米糰，拿捏米糰硬度方可捏塑各種祭典所需動植物形象，對於第三堂課「從『鳳片糕』認識祭品捏塑藝術」實有重要的傳承與體驗的任務。

　　老一輩會買紅龜粿作為祭品，也會選擇能存放的鳳片龜作為祭拜，然近一輩越來越少接觸鳳片糕製品，於是本課程先以問題引導「有沒有以前吃過鳳片？誰買的？什麼情況吃到？感受如何？」再以投影片資料介紹祭品中的捏塑藝術，舉凡捏麵人、看桌、壽桃、豬羊份等，介紹林國周師傅並開始示範鳳片糕的備料製作，以問答方式由林師傅口述說明工序，並由學生參與工序以增加其中環節的感知記憶，最後再由各組製作鳳片豬或羊，並進行形象上的鑑賞評比（見圖三）。

4　粿印鑑賞，糕餅的圖像文化

　　黃鳳鳥老師為小鳥工作室負責人，蒐集並擁有各式樣的糕餅印模千把，著有《粿模傳奇》，並多方推廣糕餅印模文化。其主要將收藏的印模作為教具，藉由生命禮俗及節日慶典的時序介紹糕餅的人生歷程，課程內容多是以讓人能聽說讀寫傳統俚語，又能在一時之間鑑賞老印模為主，活動方式多會透過樹脂黏土翻印出粿粄的圖案，輔以貝殼、木料及繩結裝飾，讓產品更增添文創商品之價值。

　　第四堂課「粿模達人收藏鑑賞與創意吊飾」即是在生熟米粉壓印與揉捏製作之後，回歸「印模」層面的圖像文化與技術，談生命與季節時序裡的糕餅（簡榮聰，1999），較以知識傳遞為主的課程，搭配壓印吊飾為應用，也

從可食的課程情境轉為不可食的製作，並希望能從眾多的圖案中發現異同關係，了解吉祥圖案的集合應用（見圖四）。

5　化瞬間為永恆，紙漿應用的柔性表現

第五堂課「『祭龜』信仰與紙塑紅龜粿」由古佳峻講授，其二〇一三至二〇一七年間於樹火紀念紙博物館擔任兼職導覽員，便於館內導覽解說、設計與執行課程、糕餅紙藝製作，之後又以「紙，有唯一手做團隊」參與臺灣各地文創市集及文化課程至今。以紙漿取代米麵糊，是將可食的物件轉譯為不可食卻又延伸書寫創作的柔性表述，紙塑糕餅的初衷即是將傳統糕餅複印為可在之上寫字的紀念物，並經由郵寄傳遞糕餅紋路的吉祥祝福寓意，有別於紙黏土或塑脂土的翻印成果，安排在系列的最後一堂課，其目的在整合所有課程的可／不可食、無／有圖像、生／熟米麵粉、有／無顏色記號，然而傳統糕餅在生活中往往沒有人在意各款式印模的雕刻藝術，因此藉此翻印，可觀察龜桃上的吉祥紋飾，又可作為一種禮物傳送給人，衍生「分福」的「共享」精神。（古佳峻，2013）

課程會先回顧之前四堂課的印象，並回憶各種圖像及食材的節慶與禮俗關係，進一步說明臺灣「乞龜」文化的重要性，壽龜與各種龜品的堆疊技巧和區域特色文化，再由學生共同完成紙漿備料及壓印技巧，經由大家手作紙漿糕餅之後，一起回味米食文化饗宴的「如粿說」（見圖五）。

（三）引言人的進入

筆者和蔡建生在提擬計畫時便以筆者所設定的課程扮演了穿針引線的腳色，除了第一、五堂由其講授外，另三門課皆聘請該專題藝師作為傳承的主線軸。

課程與藝師的合作關係能讓傳統技藝與記憶藉著他們的經驗帶入校園，能夠貼近藝師，就近取經，在糕餅手藝實境裡感受文公叛、鳳片糕、糕餅印模及壓印的情感與認知學習，誠如容淑華所述，「文化藝術工作者不見得能

夠在短時間內學習或了解這些在『學校教學』需要注意的事項……學校教師與文化藝術工作者的共作、協作、夥伴關係，也會協助藝文工作者做進入學校教學的某種程度上的準備」（容淑華，2019）。而提案人古佳峻在計畫執行前有多年的糕餅文化調查及實作經驗，在規劃課程時即考量「什麼米食製作適合引入教室」、「實作過程外，知識傳遞的方式與資訊密度要如何掌握」、「藝師旁的助手，需要先備該有的技術與概念」，例如：第二堂課鄭鈺美老師「客家粄文化與韓愈文化祭」，研磨米粉及脫水的步驟僅能在家裡先製作，戶外空間不適合使用投影片，以致引言人就須以口述或圖卡說明未能呈現在眼前的工序及事物；引導藝師示範包文公粄，觀察包裹技術並以口述強化重要環節，若有製作上的問題也隨時反映給鄭鈺美老師；於課程之間作為文化資訊的發端、穿插解釋性敘事的輔助、在執行課程的教育性之強化，既能讓「體驗」更趨完整，也促使教學規劃更為寓教於樂。

　　第三堂課林國周師傅「從鳳片糕認識祭品捏塑藝術」則是考量揉製環境，需要乾淨且穩定的工作桌檯，因此師傅除自備炒鍋及材料外，還應有適合的備料空間。由於熟糯米粉易揚粉，不適風扇，洗手取水都是在考量的範圍之內，所以引言人就得到校預備，因有製作鳳片糕的經驗，所以準備投影片介紹糕餅圖像與技術的各種參考影片或圖片，由林國周師傅就每一工序進行口述說明為了顧及食品衛生，並兼顧攪拌鳳片糕時較能全程說明工序，便需要引言人從旁介入，讓學理與實務進行對話。第四堂課黃鳳鳥老師「粿模達人收藏鑑賞與創意吊飾」則需要做課程串聯上的引導，從「可食」轉接至「不可食」工藝鑑賞時的目的，並時時關注講師內容及學生反映，若遇到艱深資訊時補充說明、板書提示，讓跨界學習的課程有個中介的引言腳色，作為跨世代的轉譯者（見圖六）。

三　如何說？──實踐文化，體驗教學

　　計畫所設計的五門課程其目的是以推廣「米食文化」為核心，希望藉課程的排序從生活談起，引起每個人對飲食經驗的複誦而呈現米麵文化的影響

關係，進而端出麻糬、文公粄、鳳片糕等米食產品，認識區域和族群的米食、祭典裡的手感記憶、及米食的多樣性，最後則從文創與藝術視角理解糕餅是一門藝術的態度作為永恆的記憶。能讓學生具有好奇心、感興趣的引導歷程，更希望讓傳統不具明顯、逐漸沒落與消失的米食文化有不一樣的認識方式，而文化部提供「文化體驗」計畫申請而能夠讓「參與式」課程設計實踐於跨部會合作案例，則此案又能因不同環境訴求而有因應的「文化回應」之必要進行適性調整，又可作為大學社會責任計畫發想的參考，有文化作為基礎、扎根社區互動，進一步能帶領大學生團隊於中小學及社區進行專業文化推廣。

　　文化體驗計畫從「情感、認知、技能」依序不可逆的為推動課程之關係，需要引起學生學習動機，從他們所感興趣且需要的課程與生活有所連結，進而了解課程的主軸再進一步操作活動及知識記憶（鄭黛瓊，2020a），「如粿說，讓我們從手做認識米食文化」在規劃上歷經文化部、臺南生活美學館專案委員的初審、培力課程、議課、觀課、課後檢討、修正計畫書及完成「藝拍即合」專案，從原本以「傳承」為初衷的課程設計，調整修正為「共創學習」的「表達」和「互動」以符合文化藝術體驗學習（experiential learning）的教案精神，並以素養導向為訴求的課程經營，五門課的實務製作前都會先有對「自己原生活的記憶」進行探問，例如：「吃過怎麼樣的麻糬？」「麻糬也可以戰南北嗎？」「紅龜粿的第一次接觸經驗？」「什麼是粿？什麼是粄？」「我們遠觀鳳片龜，它的質感像什麼？」「說說看哪些糕餅是有圖案的？有顏色？為什麼？」才會進入投影片介紹及實作部分，學生發現問題、產生興趣、進一步對自己的疑惑解決、而有感系列課程的獲得（見圖七）。

　　「如粿說，讓我們從手做認識米食文化」的五門課之次序有其考量，之間的聯集關係包含經驗性與解釋性的基礎與進階。各自都是獨立的糕餅文化課程，然而在米食文化推動的有限時間與資源的整合規劃裡，先建構米食文化的概念，以麻糬導入互動學習；次而壓印複製粿粄，聽在地的民俗與傳說；再次以捏塑技巧挑戰手藝，並且更具體的表現物品形象（龜、豬、

羊）；再次鑑賞圖紋設計，糕餅藝術的品味建構；最後回到紅龜粿主體上，圖紋欣賞及壓印手做，回味這幾堂課所歷經的各種粄粿滋味。各課程之間的聯集關係分別以A至E五項分別說明：

A 米的形轉

文化探索：原生活的餐飲經驗，如早午晚餐的選擇習慣，經由大家的討論及歸納，能反映出普遍現象及特殊案例，可就兩方進行餐飲食材及感受。第二堂課也是以「粿／粄糕／餅」不同的餐飲經驗探論普遍級特殊之關係，都是從最基礎的生活面探索文化的生活樣態。兩堂課的「食」都是米的形轉，糰狀的糯米，無圖像／有圖像的區別。

區域文化：三餐與粄粿的飲食經驗有時與生活環境有關，比如有位同學早餐都吃三明治，多年不變，追問原因，「因為美而美早餐店在我家隔壁」成了地域關係；另一種是城鄉屬性，居住在城市中央鬧區的早餐普遍是早餐店所提供的漢堡、三明治，較遠離中央鬧區的則會出現粽子、鹹粥、爸媽做的麵包等；另就麻糬與文公粄等區域上的討論可進階延伸，麻糬在客庄中喜喪禮儀中的呈現與花蓮麻糬的包餡方式等。文公粄具有內埔昌黎文化季的專屬性，於是進階討論其他地方藉以翻印製粄的區域特色，六堆新丁粄的圖形與紅白色塊，拜天公的龜桃錢圓四種圖案的粄粿，可作為討論。

地方信仰故事與創意：兩門課的米食都能反映不同的民間風俗與創意表現。麻糬在客庄節慶宴客中很重要，是開席前分享喜氣的「分食」行為，端上好米製成的麻糬與賓客共有，也可先吃點甜食話家常；土地公嗜吃麻糬又與聖誕祭祀有地方的傳說故事。文公粄的發展並不長，但是結合了地方慶典與特殊寓意而頗為討喜，文化節舉辦多年也逐漸受到地方認同，其文化即寄託在韓愈為文昌神的基礎賦予「步步高升」「加官晉爵」的意涵，再加上鄭鈺美老師的食材染色應用，在課程中提供學生發揮創意空間。麻糬分食的安排能讓學生集體思考「沾黏」質性的狀態，以及如何「克服」且能適切「等分」，不免有用擠捏、切割、扭轉等不同方式的創意表現；文公粄或驚奇粄在於混色搭配及圖像故事的創作，在粿紙上如何捏塑出有故事的粄。

B　生／熟米粉技藝

　　形塑技藝與食材對應：此二門課的對比關係在「生／熟米粉」之體驗，文公粄與驚奇粄是生粉漿糰揉製後再經蒸炊，鳳片糕則由熟糯米粉（糕粉）添加糖清仔（糖漿）揉製即可，二者有原理上的差異，能藉兩門課的安排進行觀察比較，也能以此規劃認識米食製作中的樣態非常多種，可以反思麻糬、綠豆糕、蘿蔔糕、柴燒年糕等不同米食的製程原理的細節觀察。

　　圖像文化探討：因為生／熟米粉製程的差異，質性影響成品的形式，生米糰需要再蒸炊後會癱軟變形，所以內餡的量、形塑的紋路粗細、包裹的厚薄都會是製粿人經驗上的累積所克服的問題；熟糯米粉糰製物則在調漿後收縮過程的軟硬關係會影響製作便利性，外加形體上的裝飾與塑形可利用梳子、剪刀、竹籤，以手的各種搓揉方式讓米糰成形，再重組成豬羊，印上吉祥紅印，這便是熟粉糰的塑形技藝。而生米糰多壓印複製，捏塑多是簡單的包子或餃子型，而熟米糰多能做牲禮（豬羊雞鴨魚蟹蝦等）。

C　圖像符號記憶

　　圖像解釋：黃鳳鳥老師具有千把糕餅印模，舉凡糕、餅、粿、糖塔，將糕餅印模作為生命禮俗及節慶民俗的解說，也能將圖紋的吉祥觀和俚語結合，可在此課程欣賞不同品項、寓意、用途的模子近距離接觸，以作為系列課程中印模文化的重要一環。而林國周師傅則表現手捏形體的技術，提供各種生活物件巧思的應用外，更可從師傅對牲禮的體態認知發現各種細節變化的比較性，例如豬、羊都為偶蹄類，然體態上從腿型、身形、頭型都有相對性，若稍不注意，則會牛羊馬豬不分，做成四不像。

　　鑑賞糕餅藝術：特別著重在糕餅印模圖像及手塑鳳片的藝術性鑑賞，傳統工藝的特殊價值便在於手工技藝，木雕印模的刻紋成就一方糕餅的吉祥文化，呈現製餅家與木藝家對於米麵食傳統圖紋的想像及應用，誠可作為男人可貴的藝術作品。而每個糕餅師傅除了是禮俗專家，更是製餅藝術及捏塑米麵產品的達人，對於過去師承的學習模仿外，多觀察多揣摩便是熟能生巧的

關鍵。自此進入「不可食」的糕餅吊飾製作，也進階到純藝術的欣賞觀察及應用的巧思。

D　文化轉譯

文化轉譯：過去三門課從實做或資料介紹了解各種傳統糕餅的製程，也從五感體驗品嚐米食的各種表現，於此則希望從口腔感受為主的美食經驗回歸到思考和識讀糕餅藝術與文化的能力。進階地讓手做進入到不可食的媒材應用，讓「瞬間」的消化，成為「永恆」的紀念物。倘若視為一種翻刻複印的生產製造，則可藉傳統圖紋及糕餅的存在，擁有新的存在方式。亦可視為將傳統轉譯為當代可應用的表現形式，不見得保有可食的作用，而是形的移轉，成為符號化的存有。

文創應用：塑脂土與紙漿的翻刻複印都是媒材取代的一種方式，兩門課並列接續，從小型裝飾性進階到生活應用的可行性，例如紙漿製作的糕餅可作為明信片之可書寫的媒介，讓吊飾之外作為一比一紅龜粿或壽桃的祝福禮品、傳遞吉祥、遠寄家鄉傳統文化的紀念物，作為二種文創應用上的異同關係。

E　米食文藝多樣性

米食文藝多樣性：最後一堂課談「紅龜粿」是色、形、質共構的專有糕餅名稱，作為課程總結的意義在於「回歸基礎傳統」，也是本計畫一開始所設想的糕餅圖像的認知，從紙漿復刻紅龜粿或壽桃能作為系列課程的反思技能，回想先前印製文公粿、手塑鳳片糕的技巧，並回至第一堂所探問的「我們生活中所接觸的米食傳統是什麼？」「會不會有一天我們不再吃米，米食文化成為過去式，在我們的經濟與產業的汰選後，我們只能在博物館認識米食？」並且強化米食認知的啟動並不是一種結束，而是全新的開始，發現米食的營養與益處，並且對米食的多樣性有接觸的興趣，而改變自己不同的飲食習慣。

表一　米食文藝表

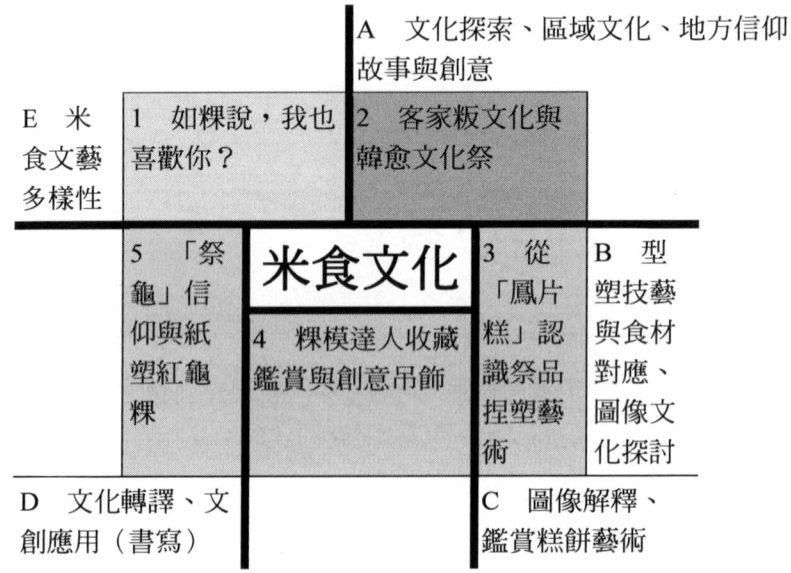

　　提擬計畫時預設了「傳統米食」作為推廣課程的動力，能在逐漸消沒蹤跡的現代生活裡再次展現「古早味」的手做與知識建構，然而文化部在起草文化體驗企劃時即是希望能開啟學生興趣、以情意訴求為優先的條件盼望執行團隊能夠從此推行，也成為本計畫不斷修正的過程中所反思的部分，關於學生參與「如粿說，讓我們從手做認識米食文化」計畫時的構思，是希望在可預想、能克服的環境與資源條件裡，集合過去田野調查及活動培力的企業，達到推廣米食文化的傳統技藝與創新元素，能以三點分述，如下：

（一）以米食文化作為課程核心

　　五門課程系列的串聯，關係到課程核心的強化作用與漸進關係，如上圖所示，五門課都是以文化作為核心，即便最後兩節並無「可食」之物，但這是計畫構思時企盼進階過程的安排，由可食的想像，至不可食的探尋，是本計畫以五門課作為漸進式的「策展」企劃。讓進入課程的師生以設定好的路

徑逐步邁進，每一門課都是對文化本質的顯影、具象，宛若將米食文化以五次課程的經歷逐漸豐富參與者「感受」米食的「文化感染力」。這是以核心價值為鏈結的課程操作。

1　**生活經驗的基礎，思辨的空間**

　　課程規劃是以「生活」為基礎的設計。以「普遍性」作為討論，誘發大家對自身生活的經驗進行複誦，口述或手繪關於自己的「三餐」，並抒發自己對於飲食的情意關係，進一步提供「特殊性」的食材食品作為資訊，並且釐清對米食的認知。計畫雖有預設途徑，然而預留思辨與想像的空間，例如麻糬分食與等分之民俗目的與數理討論，手做文公粄後在原有的基礎上設計屬於自己想像的驚奇粿，鳳片糕製作時由各組自行依照老師傅的示範進行技巧思辨與形象的創意向度，手印吊飾或紙塑紅龜粿都可以利用這兩門課程已有的作法衍生屬於當代的創新表現方式進行思考。

2　**從無到有的五感記憶**

　　「他們有什麼米食經驗？」與「米食類型的接觸與概念？」是設計課程前，提案者思考的必要問題，受眾者的經驗資訊能夠作為課程發想的調整變因，只要在系列課程核心本質不變的基礎上，面對社區裡長年務農的團隊，課程就必須從他們地域性觀察作為引導，從他們曾有的印象中梳理與他者（外界）的異同關係，然而計畫面對的是中小學生，則需要從他們生活環境裡觀察及串聯可能有的「生活圖景」，例如西式早餐店的餐飲模式、商業性買辦家庭的互動、或者地區中式餐飲的普遍所帶給的不同飲食習慣。而本計畫有絕大部分的考量都在「他們絕多數都是沒有吃過、接觸此類產品」的狀況下所設定的結構關係，於是有較多的預設路徑能夠在「技藝」的基礎上能順利做到五感體驗的收穫，並且在「不受限」的創作中開啟對米食及創意糕餅的新時代想像。

　　五門課程相互連貫，在核心不變的運作裡是否能夠抽換其中的某些課程？是可以的，然而必須有相對應的系統性調整。首先，不更動原計畫課程

安排，可依照授課對象調整課程的內容，增加與地方的對應關係，例如在原住民族學區內可增加「小米」栽種及食育知識經驗，並從小米的文化討論小米糕、小米粽、搖搖粥等地區的文化習慣，再以課程相互對話，以體驗不同族群的米食記憶／技藝；其次，增減原計畫的課程，例如第一堂「如粿說，我也喜歡你？」除了以資料投影片引導米麥進出口及歷年資訊外，可以帶入農田中投身稻田，認識稻農與穀倉運作的實體建構，第二、三堂課製作與民俗相關的糕粿，可結合社區廟宇、祭典、文化節，實際參與活動並做記錄，能夠將製作的糕粿與廟宇文化結合，讓學生製作屬於自己的「供品」，第四、五堂課的糕餅創意可以設計糕餅圖案、雕刻屬於自己的印模、以及為自己的團隊打造有故事的糕粿；最後，五門課原都是獨立的課程，所以能夠單獨執行，五門課的設計是提擬計畫時試圖將各種米食元素串聯成體，並且將提案人所熟識的糕餅店老師傅安排在系列中，讓糕餅的特殊性於教室裡付之實現。

四　結論

「如粿說，讓我們從手做認識米食文化」教學計畫是以文化為立場、以教育為推動，希望從藝術家及文化工作者的參與執行讓「文化」能夠具有潛移默化的影響性，讓教室的學習能有更多思考的創想空間及深具探索性質的引導活動。

專案計畫執行結案後，對於課程執行及教學實踐上有幾項觀察回饋可提供「文化體驗」相關課程設計時的思考與理解：

（一）弱化傳承使命，為求體驗而喚起學習的動力

文化部與教育部跨部會策畫「文化體驗」教學計畫徵選，其本意是希望將個人經驗拓展為國際視野，啟動學習力，讓以學習者為主的教學模式能夠認識文化資產，進一步發現文化的新世代創造力。這與文化部過去的「傳

習」不同，又與教育部的「學科課程」的理念不同，提擬團隊也因此更易計畫推動模式，也讓原本以藝師技藝傳承為主的設計改為目前執行的方式。所以在經營課程時必須以計畫主軸的「情意」作為基礎，便弱化傳承使命，不為做而做的學習動機反而特別重要。

（二）體驗猶如遊戲，文化的目的需要強化

體驗教學如果缺乏文化作為強而有力的支持，僅是一場趣味性質為主的活動企劃，以致參與文化部文化體驗教學計畫的團隊無不立足文化資產的詮釋基礎，進一步表達傳承與習作的重要，所為都是將難能可貴的經驗轉譯為教學素材，依循文化脈絡進行設計課程，在教與學之間尋求彼此的平衡點，藉著互動、參與、問答、回饋得到寓教於樂。

（三）文化回應之必要，適性適地的調整課程內容

參與文化部文化體驗教學計畫及「藝拍即合」專案是將團隊計畫成為教案，以教案作為課程省思及執行時的依據範本。然而，在計畫外，必須對在地文化的適性關係進行調整與重組，加入地方特色經驗的元素，串聯地方文化議題，並於課程中與在地文化對話，進行思辨，「生活」是文化依存與展現的情境，若斷裂經驗則無法讓課程的核心傳達與對話則就失去本計畫的設計初衷。

（四）作為USR計畫的培力（empowerment）本質，推動產官學研社合作之基礎

參與計畫的對象皆屬藝術家、藝術教師、文史工作者及團隊，提擬計畫

者與配合傳藝者之間是相互合作的執行者，彼此以專業進行文化的轉譯、解釋、展現，彼此若不具有默契，很難將不同的專業語彙適切地讓「他者」在短時間的體驗中有所感受。以致，當學界教師參與提擬計畫、統合培力企業專家、重新詮釋議題並進行課程引介腳色、扮演教學者及展演者的多重身分、並且為每次課程的適性關係調整，這都能作為大學社會責任計畫中作為參考的「親身歷驗」的研究本質，參與式行動研究（participant action research）的基礎便是在其中應對關係並解決難題、發展可行的未來性。

參考文獻

文化部（2019）：文化部文化體驗內容徵選補助作業要點。https://www.moc.gov.tw/information_250_107179.html

古佳峻、黃鼎倫、王國安、黃碧玉、李虹叡（2017）：鄉民的力量‧愛鄉20×20——屏東縣愛鄉協會20週年回顧書，屏東縣：屏東縣愛鄉協會。

古佳峻（2013）：臺灣龜圖像祭物文化詮解，高雄市：國立高雄師範大學國文系博士論文。

吉士博（2016）：客家米食　西勢傳香五十年　鄭鈺美蒸炊揉捏母親的味道。文創達人誌，31，1-4。

容淑華、王筑筠編著（2019）：文化體驗：感性的啟蒙。臺北市：國立臺北藝術大學。

張麗玉（2020）：藝師藝友：從藝術家成為教學藝術家。中央課程與教學輔導諮詢教師團隊藝術領域電子報6月號，1-7。https://reurl.cc/52oN17

張美香主編（2014）：韓愈小故事。屏東縣：屏東縣內埔鄉內埔國民小學。

解志強等譯（2006）：文化回應教學法：理論，研究，與實施（吉內娃‧蓋伊Geneve Gay原著）。臺北市：文景書局。

謝欣珈、陳柏諺、洪郁心（2019）：《閱盡繁華》。屏東縣：在繁華生活工作室，16-17。

簡榮聰（1999）：臺灣粿印藝術——臺灣民間粿糕餅糖塔印模文化藝術之研究。臺北市：漢光文化。

鄭黛瓊（2020b）再論文化體驗教育與藝術教育連結所創造的機會。美育，238，58-68。

鄭黛瓊（2020a）在學校、學生與藝術家之間搭橋——文化體驗教育計畫。美育，234，29-36。

圖一　課程剪影

資料式提供生活中米麵製品的類型	學生撰寫完「早餐」後上臺分享「為什麼自己習慣這樣的早餐組合」

糯米糰等分的方式很多種，有以塑膠袋內捲擠分糰	麻糬的等分除了式接觸米食質地（原型）外，更可以思考數學、衛生、美感

圖二　課程剪影

戶外教室，以圖卡說明韓愈文化	鄭鈺美老師說明製粄工序
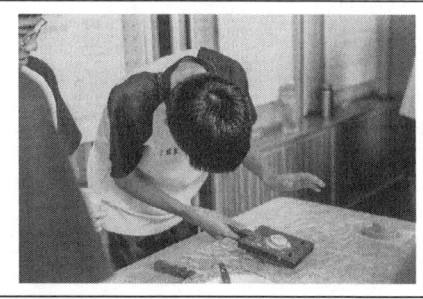	
體驗一：文公粄	壓印技巧的拿捏與修補
	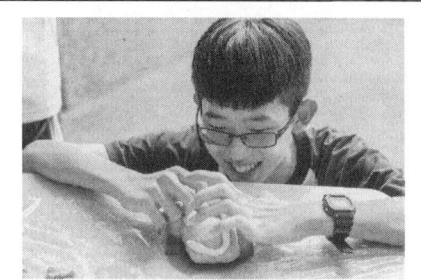
體驗二：驚奇粄	創意色糰的捏塑造型

成果展現，各種新奇的表現讓講師大開眼界	迫不及待的想品嚐剛出爐的文公粄

圖三　課程剪影

介紹鳳片糕並請林師傅說明製作工序	各組先練習壓印鳳片龜

嘗試攪拌熟米粉與糖清仔	由師傅再度示範攪拌訣竅

展示林師傅製作鳳片豬羊的形體要件	分組製作出具有當代個性的鳳片豬羊

圖四　課程剪影

從生命禮俗談起糕餅文化	傳遞印模可以細讀紋路

示範糕餅吊飾	每位學生親自製作

可以加入自己的美學概念應用於吊飾	與粿模達人共同感受傳統之美

圖五　課程剪影

課程以問答獲得獎勵	講解造紙漿原理

分組輪流親自製作紙漿	各組調色紙漿

示範後由大家親製紙糕餅	圓滿落幕如粿說計畫

圖六　課程剪影

說明文公粄典故並協助說明工序細節	協助成品的製程並引導學生觀察異同

適時參與藝師製作工序的解說	問答之間讓師傅經驗可以傳播至他人

	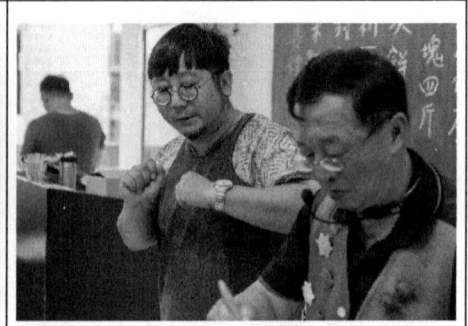
講師口述而可以適時補上文字書寫	從旁參與工序製作的講解

圖七　學生作業成果

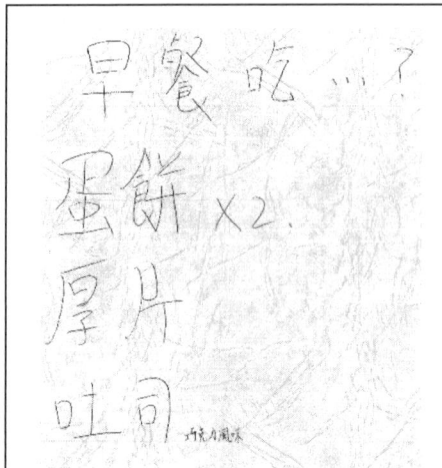	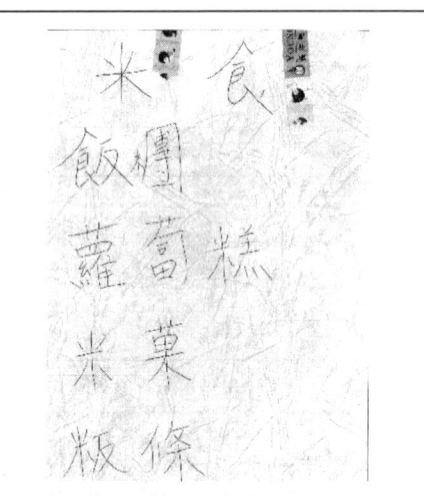
學生各自分享每日早餐品項，能夠藉著回憶飲食習慣進一步討論米麵食的文化影響關係。	討論米食的類型，學生能夠就經驗進行回饋。

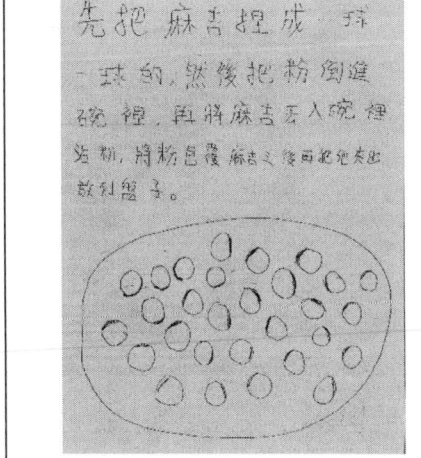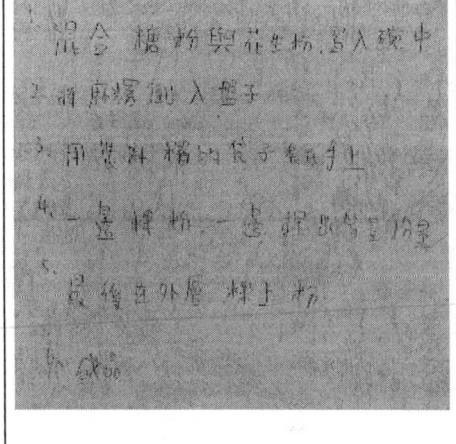

分組製作麻糬，各組有不同的等分方式，以圖文筆記，作為學習觀察。

PBL與大學社會責任：
落實跨領域學習和素養導向教學

林俞佑

國立高雄科技大學高瞻科技不分系學士學位學程專案助理教授

摘要

近年來，全球倡議大學社會責任（USR），強調大學扮演著教學與研究服務之外，也應承擔對在地社區和社會的貢獻和責任。於此，教育部揭示推動「大學社會責任」目的有三：一、以在地連結為核心；二、從在地需求出發；三、參與真實問題，達到人才培育之效益。若從人才培育角度來看，以「跨領域學習」、「素養導向教學」層面切入，將課程設計結合USR的概念，讓學生透過情境問題，感受與社會的關係，甚而培養挖掘、探究實作以及洞察、思辨等能力，如此教學現場的邊界或能延伸至社區，也能使社區與學校攜手，共同激發學生的學習潛能。因此，本文將嘗試以PBL課程設計法，從問題中尋找學習的意義，導入社區場域的情境脈絡，加強學生的感受力、洞察力、解決力，進而達到與社區鏈結的情感認同，完成社會責任實踐與永續發展的目的。

關鍵詞：大學社會責任、跨領域學習、素養導向教學

PBL and USR

Consolidating Cross-domain Learning and Competency-driven Instructions

Lin You-yu

Assistant Professor, Cross College Elite Tech Program,
National Kaohsiung University of Science Techology

Abstract

University social responsibility (USR) has been promoted globally in recent years. It emphasizes that universities should not only provide education and research services to its students, but also undertake a responsibility to make contribution their local community and society. To this end, Taiwan's Ministry of Education revealed three main purposes to promote USR: to achieve effective talent cultivation (1) with local-oriented connection, (2) based on local demand, and (3) by confronting real problems. From the perspective of talent cultivation, universities shall integrate the concept of USR into curricula from the dimensions of both cross-domain learning and competency-driven instruction. This will enable students to understand the relationship between society and themselves from the problems in contexts and to further develop their abilities at exploration, implementation, intuition, critical thinking, etc. The learning environments are therefore likely to positively extended into communities and improve the collaboration between communities and schools, thus stimulating students' learning potential. Therefore, this study aims to explore the implications for learning from the Problem-Based Learning (PBL) curriculum design method, which is integrated with community contexts, to strengthen students' sensibility, insight, and problem-solving ability. This further provides students with an effective commitment towards a community connection and the goal of realizing social responsibility and sustainable development.

Keywords: university social responsibility, cross-domain learning, competency-driven instruction

一　前言

　　近年來，全球倡議大學社會責任（USR），強調大學扮演著教學與研究服務之外，也應承擔對在地社區和社會的貢獻和責任。這一切緣起2001年智利將社會責任的概念推廣到國內各大學，引導大學協助參與解決國內的社會問題，建立大學與環境共生共存共榮。美國和加拿大自2010年正式推動大學社會責任，歐盟2012年亦起之響應，臺灣2017年開始陸續推動大學社會責任實踐計畫，希望透過政策引導方式，促進大專院校善盡其社會責任與價值（宋威穎，2021；教育部USR推動中心，2020a；楊正誠，2019）。

　　據教育部大學社會責任推動中心提出的計畫理念：「大學社會責任實踐計畫以『在地連結』與『人才培育』為核心，引導大專校院以人為本，從在地需求出發，並透過人文關懷與協助解決區域問題之概念，善盡社會責任。本計畫期待大學在洞察、詮釋和參與真實問題的過程中，能整合相關知識、技術與資源，聚焦於區域或在地特色發展所需或未來願景，強化在地連結，吸引人才群聚，促進創新知識的運用與擴散，帶動地方成長動能。」（2018a）於此，教育部揭示推動「大學社會責任」目的有三：1.以在地連結為核心，激起認同感，吸引人才群聚，促進地方成長動能；2.從在地需求出發，以培養學生洞察與解決能力的問題；3.透過參與真實問題，訓練學生能整合相關知識、技術與資源，達到人才培育之效益。

　　從政策擬定角度來看，政府希冀透過計畫經費挹注以吸引學校投入社區場域，讓大學師生與社區合作，共同解決場域的問題。大學推動以教師端而言，長期以來沉浸在教學與研究工作層面，普遍缺乏在地文化脈絡，如何在短時間內，融入社區，協助改善問題，是USR推動實踐的一大挑戰（宋威穎，2021）。學生端因長期以來，以單向輸入的教學模式汲取知識，普遍缺乏洞察、思辨能力，如何能在短時間內，挖掘問題、探究實作，亦是考驗教師的引導能力。

　　反之，若從人才培育角度來看，以「跨領域學習」、「素養導向教學」層面切入，將課程設計結合USR的概念，讓學生透過情境問題，感受與社會的

關係，甚而培養挖掘、探究實作與洞察、思辨等能力，如此教學現場的邊界或能延伸至社區，也能使社區與學校攜手，共同激發學生的學習潛能。

大學責任除了肩負培育人才與學術研究的責任的使命之外，還有第三個需承擔的責任：大學與社會的互動（Abla, 2017; Howard and Sharma, 2006）。對此，大學扮演更廣泛的社會角色，履行社會給予的期待與義務，這些的層面包含：社會、倫理、經濟、環境等諸多問題。然而，在回應社會賦予的期待與義務的同時，我們該思考的是：如何永續發展（sustimable development，簡稱SD），使其成為內化而非外加的學習？社會責任（social responsibility，簡稱SR）作為大學核心的角色之一，如何與SD相互連結，是本文所欲闡述的主題之一。若順著SR與SD之連結脈絡而下，二者之間或有以「教學」作為樺節點。因此，本文將嘗試以PBL課程設計改變以往機械化的學習，從問題中尋找學習的意義，導入社區場域的情境脈絡，加強學生的感受力、洞察力、解決力，進而達到與社區鏈結的情感認同，完成社會責任實踐與永續發展的目的。

二　SD、SR與USR的概念框架

SD概念首次出現在國際議題上，始於1987年。當時由聯合國世界環境與發展委員會（World Commission on Environment and Development, WCED）提出「我們共同的未來」報告書，首次倡議「永續發展」（sustimable development）。當時所提出的議題構面主要強調：世代之間的公平與正義，扣緊環境保護、經濟成長與社會公平之主題，可謂是全球對永續發展的起點共識（蘇淑娟，2020）。接著，1992年地球高峰會簽署《聯合國氣候變化框架公約》，延續1987年提出「永續發展」的議題。然而，不管是「我們共同的未來」報告書或《聯合國氣候變化框架公約》，雖然都提出地球永續發展的概念，且聚焦於環境保護，但卻未曾直面正視經濟成長與環境保護存在著必然的矛盾與衝突，甚至認為「環境保護的問題需要更加速發展經濟才可獲得解決」（紀駿傑，1998），SD的想像是圍繞著經濟層面展開全球論述，仍舊脫

離不了西方主流的價值。

　　Carroll（1999）及Windsor（2001）等學者對社會責任（SR）的概念多有論述，大致將SR的概念發展以十年為一期，分成四個時期的模型架構，討論SR的發展及各時期的重點，然本文並非探討SR的發展脈絡，故此處不贅述。隨著SR定義愈趨廣泛，它與社會各層面的結合也形成更多元的發展。就目前的文獻探討中，多數認為SR不應僅止於社會，更應擴及經濟、環境、教育等層面，並與SD結合，成為新的全球論述之一（Abla, 2017）。CSR、USR逐漸受到重視，其中CSR的發展最早且成熟，企業與社會共同創造雙贏的局面，但隨著商業模式的多元，組織的聲譽與績效影響了CSR實踐的層面，這也導致各界對CSR的定義難以取得共識。承此，USR的定義亦難取得一致。Reiser（2008）將USR的概念定義為：藉由政策的管理，讓大學與社區互動對話，由此產生教育、認知與管理等影響，提升促進人類發展的道德品質。大學如何善盡社會責任，從人才培育的角度，兼顧社區發展，使其成為高等教育的發展趨勢。而這概念也被納入國際大學的政策聲明中，但它同時也挑戰大學自主與自由的精神象徵（Ruxandra, 2010）。

（一）從SD到SDGs

　　SD提出後，聯合國在2000年提出MDGs的千禧年發展目標（Millennium Development Goals）八項願景，涵蓋層面包含：消除貧窮與飢餓、性別平等、環境永續、實現普及初等教育、改善產婦保健、降低兒童死亡率、與疾病對抗、全球合作並促進發展。上述八項願景目標仍是站在已開發國家如何降低或消弭第三世界的「問題」，並未從在地文化脈絡出發。而這也衍生出二項問題：一、產生文化或族群的衝突，導致族群發展的不平衡；二、第三世界接受已開發國家的協助，卻因缺乏在地脈絡，導致未能解決根本性的問題，忽略已開發國家可能本身也存在相同的問題。

　　因此，SDGs站在MDGs的不足處提出新的視野。SDGs涵蓋的議題與範疇，鼓勵全球社會就其自身脈絡發展與作為，提出永續發展目標的實踐途徑

（蘇淑娟，2020）。換言之，以SDGs第四項發展目標「確保有教無類、公平以及高品質的教育，及提倡終身學習」為例，高品質的教育是否真的能解決有教無類；是否能回應公平的教育策略；而終身學習是否需從小培養，亦或是強調成年人對學習態度的回應。於此，放在臺灣這區域的在地脈絡底下，我們該如何回應SDGs的此項目標？

臺灣一〇八學年度開始推動新課綱，新課綱強調的核心素養，便是回應SDGs的教育目標。行政院數位政委唐鳳認為，沒有人能精準預測未來十年的社會，或學科領域會做什麼樣的變化。因此新課綱的調整是從「剛性課綱」改為「柔性課綱」，把教育改成以學習為出發點，「將過去固定、軌道式、競爭力導向的教育，變成自發、互動、共好，期望學生具備核心素養，在任何時候都能學習。」這樣的改變，意味著「不會再有標準答案了，學生不能再倚賴老師，老師也不能再倚賴教育部」（賓靜蓀，2020），終身學習的能力是透過從小核心素養的訓練，讓學生自己動手思考解決問題。

（二）SD與USR的結合

大學推動永續發展最具指標意義，當屬1990年所提出的《塔樂禮宣言》（*The Talloires Declaration*）。塔樂禮宣言的永續性指標涵蓋甚廣，共有十個項目指標：1.環境永續發展的覺醒；2.創造永續性的大學文化；3.教育學生具有環境責任感；4.促進環境的認知；5.落實校園生態責任；6.尋找權益關係人；7.跨領域的合作；8.建構永續發展能量與夥伴關係；9.加強過內外合作與服務；10.持續交流與互持。其中環境議題、跨領域合作到建構永續發展能量與夥伴關係，皆是推動的核心要點。宣言背後扣緊環境永續議題的主軸，其中第6、8點，已鬆動大學與地方、社會之間的藩籬，鼓勵大學向外尋找資源，作為跨領域的研究、教學，與中小學形成夥伴關係，深耕基礎環境教育，推動跨域教學。至目前為止，全球五十七國近五百多所大學簽署，臺灣已有約五十所大學簽署《塔樂禮宣言》，說明大學推動永續發展（SD）的環境議題已漸臻成熟。

全球的經驗表明，大學在永續發展的作用與影響力，主要是推動大學社會責任。原因在於SR與SD的三個維度模型是相同的，也就是在社會、環境、經濟這三維度之間共同重疊者，即是永續發展致力的目標，若三者無法取得平衡，目標將無法持續（Abla, 2017）。為能持續發展SD與USR，仍需值得注意的是：需整合各機構與部門的想法，透過具體可實踐的目標，達到真正的大學社會責任。

Vallaeys（2014）根據大學對社會的影響力，區分成四大面向：組織、認知、教育、社會。如圖一所示：

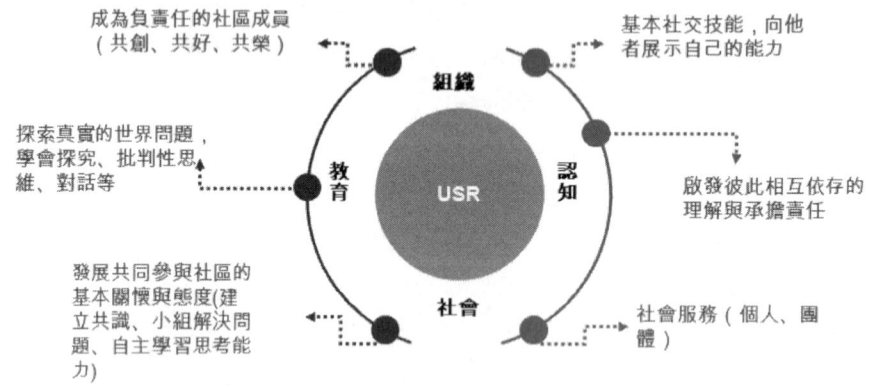

圖一　（資料來源：參考Abla A. H. Bokhari, 2017）

大學在實踐USR時，可持續發展且發揮獨特的功能作用，當可致力於「教育」、「社會」、「認知」，以鄰近社區作為學生探究真實世界問題的實踐場域，從實踐過程中沉浸學習解決問題的能力，進而達到啟發、理解與社會相互依存的永續發展概念。讓整個大學除了內部成員（學生、職員、學者）之外，亦可透過不同的社區組織，將大學影響力以同心圓的方式往外推擴出去，一來可成為讓大學與社區達到共創、共好、共榮的目標；二來可訓練學生與同儕、長者之間的對話，達到社交溝通語言表達能力。於此，USR推動永續發展的概念不再侷限《塔樂禮宣言》倡導的「環境永續」，而是透過大學跨領域知識生產的教育功能，達到真正的大學社會責任的永續理念。

三　跨領域知識學習是大學社會責任的起手式

　　跨領域的知識學習，建立在情境脈絡底下的探究，它需要基礎的專業知識節點與概念化的鏈結，變化創造出新的解方（solution）。以下從PBL的情境式學習探究、從問題尋找問題的知識搭建、大學社會責任從跨域學習開始等三方面切入，並以大學USR實踐團隊推動的A案例觀察學生端、教師端執行過程中，說明這三個構面如何在「組織」、「教育」、「社會」、「認知」產生循環。

（一）PBL的情境式學習探究

　　問題導向學習法（PBL）利用情境故事的問題假設，引起學習動機，利用小組團隊合作的方式，讓學習者在閱讀情境故事中，辨識訊息內容的重要性，進而整合先備知識與相關資訊（integrating），在釐清訊息架構後，學習者能將訊息與自身經驗或既有知識進一步連結整合知識（Barrow & Tamblyn, 1980）。由教師提供學生情境化的脈絡學習，透過PBL的情境故事問題探究，引導學生如何界定問題、蒐集與分析資訊，進而尋找解決策略，增進學生的探究思考能力。

　　傳統的大學課程裡，多為教室中知識訊息的講授與傳遞。在學生端，多以單方面吸收知識訊息，較少透過問題情境，探究問題的本質，進行系統性思考。在教師端，知識運用的實踐以學術研究為主，解決的是學術上的議題，而非現實需求的問題，學用的落差便由此開始。若從此一思考脈絡切入，則當A案例團隊執行偏鄉教育三師共學的USR計畫時，便能透過PBL的情境式學習探究。大學教師端在訓練師培生課程設計時，可利用情境故事問題設計，引導學生站在偏鄉教育的困境底下，解決知識構面、環境資源構面、文化導入構面等問題，讓學生可以釐清主題重點，並透過廣泛地獲取訊息，從中汲取重要的相關知識和資料，鏈結已知經驗，探究理解脈絡與意義系統，進而形成個人的知識體系與見解。

A案例在執行大學社會責任的師資培訓的課程設計，以PBL的教學方式，改變傳統的單一講授教學模式，讓學生意識到自己所學的知識要如何「整合」、「轉用」。教師在進行課程前，需與場域的中小學教師討論教材內容，學生可編寫或試教之內容。課程引導中，再將第一線教師（偏鄉中小學教師）的建議與想法融入情境故事問題，由此灌輸學生對於偏鄉教育的社會責任，建立與偏鄉場域的情感認同。學生進入偏鄉場域也能將學校資源導入，並將教材教學設計回饋偏鄉學校，彼此形成正向互助。

（二）從問題尋找問題的知識搭建

　　PBL的教學設計概念，是讓醫學院學生透過模擬臨床的情境故事，針對病患複雜的病徵作出判斷，由當下直觀的問題病徵，藉由觀察、推理、確認真正的病因，並解決它。同理，其他學科的學生若無法將所學的知識活用在真實的問題情境中，那學習的經驗就只是單純的符號化知識，無法成為內隱的行動知識。真實的情境才能引出意義脈絡，而這真實的情境是需符合即時性，又兼具長效性。即時性表示學習經驗是愉悅的，長效性是指經驗的連續性，如果只著重即時性，卻不見經驗的連續性，不僅無法連結過去，更難以開展未來。學生需要透過串接情境產生脈絡，以建構事實背後的意義（藍偉瑩，2019）。因此，PBL的問題設計引導過程，有時並非只限單一的問題，它有可能會從甲問題的表象觸發乙問題的可能，也有可能在探究的過程中，產生新的問題。經由一連串的提問與思索，了解資料背後所代表的意義，作為解決問題的依據。

　　對問題的探究、掌握問題的癥結，到釐清真正的問題，背後所承載的知識訓練，無法以單一學科知識涵蓋。所以教師端從設計問題開始，就已開始走入社會參與的模式。場域是動態的，它的需求是多元的，這與以往單純的知識性課程設計不同。學生端在接收情境問題訓練時，也已打破以往的教室情境。從情境故事中想像場域的人、事、物的關聯性，再從情境的鏈結中探究問題。這過程除整合先備知識與訊息線索外，同時釐清訊息架構，再進一

步整合,這整個過程就是一○八學年度課綱核心素養的訓練基礎。此外,在提取訊息、整合資訊、知識的閱讀理解循環過程中,有可能因為問題的複雜性,產生跨域知識的學習與探索。

(三)大學社會責任從跨域學習開始

　　訓練師培生的教學實踐導入PBL有以下優勢:一來打破學習者對單一講授與設計教材的循環刻板印象;二來可透過小組的探究討論與解決,讓學習者內化成為一種「態度」和「技能」。所以,要探討解決的問題除了「教材知識設計合宜」、「教師技能的培養」之外,它應該會是一種「真實情境」的問題,一種「跨域與統整」的問題,甚至是一種「可終身追尋」的問題(黃俊儒,2020)。因此,A案例在推動大學社會責任的計畫,將師培生視為實踐場域的重要執行者之一,融入大手牽小手的概念,開啟學生的多元視野,打破單一學科教材設計的限制,從偏鄉教育的需求出發,結合在地文化特色、學生特質等多項元素,培養學生與其他學科融合的統整概念(圖二)。讓課程與實踐場域進行密切的合作,針對場域的學生特質需求與目標,設計

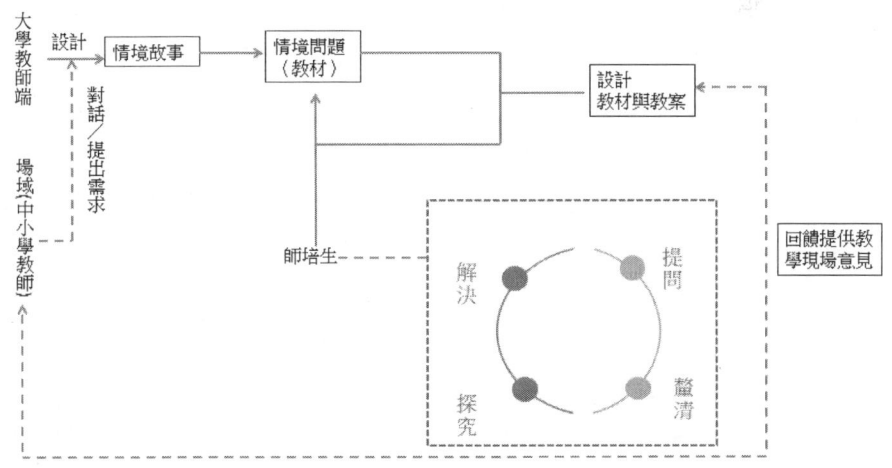

圖二　A案例USR實踐步驟(作者自繪)

屬於場域特色的教學教材、教法與教案,解決真實的教育問題需求,而非只是在單一學科教材的脈絡中設計教材內容,展現跨域學習。

四 PBL課程設計與跨領域素養導向教學

根據國內外不同的文獻研究,大抵認為PBL課程設計有四項特色:一、情境主題的設定需奠定在真實的生活問題或關注的社會議題;二、以學生為主的課程教學設計;三、情境問題的設計,可讓學生學習到該問題的中心知識或原理;四、促進學生跨領域學習的動機(Trilling & Fadel, 2009; Hursen, 2018;吳俊憲 & 吳錦惠,2018)。教育部推動一〇八學年度新課綱,以素養導向教學作為核心主軸,其課程設計的軸線亦是需扣緊「連結實際的情境脈絡,讓學習產生意義」,而這背後透過問題的擬定與設計,包含知識、技能、情意的統整能力(林永豐,2018)。其中,「連結實際的情境脈絡,讓學習產生意義」與PBL課程設計的情境脈絡一致,二者皆是透過情境故事與問題,引導學生透過小組討論的方式,共同探究問題背後的本質,找出學習意義的脈絡,建構知識的鷹架。因為只要能掌握問題概念的脈絡,學生在面對類似的情境時,就會產生遷移學習。

當教師在設計單一議題的跨領域素養導向教學單元時,首先可透過「概念」的方式整合不同領域的學科知識;其次,釐清學生的先備知識與對此議題現象的認識;接著,設計與學生經驗相關的情境故事與問題,引導學生思索、分析、探究;最後,透過任務的賦予,檢核學生的學習成效。因此,當教師帶領學生走入場域,實踐大學社會責任的同時,便可以透過場域內的議題或需求,規劃加入參與經驗的活動設計,利用「概念」的方式,整合不同學科領域知識;引導學習的過程中,便可融入PBL的學習法,在情境脈絡底下設計連續的小問題,協助學生從「現象覺察到理解」,接著便能同理「定義問題」,思索「解決方案」。這樣的學習歷程,便是一個PBL與跨領域素養導向的教學模型。

五 結論

　　回頭審視大學社會責任的實踐意涵，可發現PBL課程教學設計與執行大學社會責任的計畫有一共同連結，且最終導向之目標一致。PBL與大學社會責任都是一樣由真實生活（場域）中的問題出發，學生在蒐集資料、分組討論、溝通互動的過程中，建立共識、訓練小組解決問題與自主學習思考的能力，在學習的循環歷程中形成核心素養。此外，藉由場域內的業師提供實際的需求問題，讓學生思索書本理論與實務之間的差異，藉此降低學用落差，亦可打破單一課程學習知識面向的侷限。

參考文獻

Ruxandra Vasilescu, Cristina Barna, Manuela Epure, and Claudia Baicu (2010). "Developing university social responsibility: A model for the challenges of the new civil society," *Procedia Social and Behavioral Sciences* 2 (2010):4177-4182.

Abla A. H. Bokhari. 2017 "Universities Social Responsibility (USR) and Sustainable Development: A Conceptual Framework," *SSRG International Journal of Economics and Management Studies (SSRG-IJEMS),* volume 4 Issue:1-9.

Barrows, H. and Tamblyn, R. (1980) *Problem-based learning: An approach to medical education.* New York: Springer.

Trilling, B., & Fadel, C. (2009) *21st century skills: Learning for life in our times.* San Francisco, CA: John Wiley & Sons.

宋威穎：〈政策視角下的行動對話：大學與社區在實踐場域的夥伴關係〉，《新實踐》電子集刊，2021年6月。

吳俊憲、吳錦惠：〈應用「問題導向學習」於大學通識課程之行動研究〉，《臺灣教育評論月刊》，第7卷第10期，2018年，頁194-201。

楊正誠：〈大學社會責任發展的國內外趨勢〉，《評鑑》，79期，2019年，頁32-36。

蘇淑娟：〈SDGs與大學社會責任：落實跨領域學習和研究的機會〉，《學生事務與輔導》，第58卷第4期，2020年，頁1-7。

紀駿傑：〈我們沒有共同的未來：西方主流「環保」關懷的政治經濟學〉，《臺灣社會研究季刊》，31期，1998年，頁141-168。

林永豐：〈延續或斷裂？從能力到素養的課程改革意涵〉，《課程研究》，第13卷第2期，2018年，頁1-20。

黃俊儒：《你想當什麼樣的老師？從科學傳播到經營教研》，新竹市：交通大學出版社，2020年。

藍偉瑩：《教學力——深化素養學習的關鍵》，臺北市：親子天下，2019年。

賓靜蓀：〈展望二〇三〇——SDGs牽動全球教育新趨勢，學習不再有標準答案！〉，《親子天下》，https://www.parenting.com.tw/article/5087050

教育USR之英語向下扎根：
偏鄉教師幼小共學之敘事探究

陳惠珍

國立屏東大學幼兒教育學系副教授

摘要

「2030雙語國家政策發展藍圖」已於107年12月經行政院通過，以全面強化國民英語力並運用數位科技縮短城鄉資源落差為主要推動理念。然而，對於教師流動率大且代理代課教師比例高的偏鄉小校而言，英文師資難覓為未來推動之瓶頸。A國小位於臨海漁村，代理代課教師比例超過50%，英文教師更是長期以來均為三招以上之師資，學童英文能力相當不佳。

A國小的正式英語教學始於三年級，在一、二年級每週僅有一或二節的生活英語課程。然而，透過國立屏東大學教育USR之計畫，在A國小附設幼兒園已經進行將英語融入日常例行性活動，故幼小銜接重點為幼兒園與國小英文教師的相互聯繫與溝通。然而，因彼此教學理念與方式差異頗大，因此轉為以一、二年級導師作為銜接主軸，組成校內英語學習成長社群，以提升幼小銜接之實質效益，並呼應「2030雙語國家政策發展」非僅針對學生，而是帶動全民學習英語風氣之方向。

關鍵詞：2030雙語國家、幼小教師共學、USR計畫

Implementing USR Project of Education to Improve English Proficency at the Basic Level:

A Narrative Study on Teacher Learning Community for Preschool and Primary School in Rural Area

Weigh-Jen Chen

Associate Professor, Department of Early Childhood Education, National Pingtung University.

Abstract

"The Blueprint for Developing Taiwan into a Bilingual Nation by 2030" was approved by Executive Yuan in December, 2018. The plan is to strengthen the comprehensiveness of English as a national language using advanced digital technology to achieve results that can diminish the literacy gap between urban and rural areas. However, schools in rural areas have dealt with high turnover rates and substitute teachers that result in the sustainability to consistently teach English in these areas difficult. To draw attention to this circumstance, the substitute teacher percentage of an elementary school named "A" residing in seaside as a fishing village is well over 50. The problem at hand, is that the recruiting process in finding certified teachers are arduous, often times this process can take up to three or more times, resulting in the proficiency levels of students in English to be quite substandard.

"A" Elementary School's formal English lessons begin in third grade and first and second grade hold only one to two daily life English courses a week. However, through National PingTung University's USR Project of Education, English has been integrated into the daily lives and routines of children as early as the preschool stage at "A" Elementary School. Therefore, there was a large emphasis on the mutual communications and connections needed between the elementary school English teachers and the preschool teachers. Due to a stark contrast in teaching belief and methods between the two, it is important that the first and second grade homeroom teachers act as the primary link to transitioning students from preschool beginning English classes to third grade English classes. By forming an English learning community within the school, the shift from a preschool English class to an elementary English class will be fluid. Thus, not only will the substantial benefits be reaped, but the 2030 National Bilingual Policy will be fully enacted. This plan's direction is to drive the people, and most importantly the youth, to learn and achieve a mastery over English.

Keywords: bilingual nation by 2030, teacher learning community of preschool and primary school, USR Project

一　透過USR看見：偏鄉學校的需求與困境

　　大學社會責任（University Social Responsibility，簡稱USR）乃大學邁出學術象牙塔，運用其能量參與在地社區發展，以期重構並優化產業與環境之實踐，其核心為互相共利合作的「大學—社區夥伴關係」，此全球趨勢已成為大學發展之重點（林秋芬、余珮蓉，2018；張奕華、吳權威、許正妹，2020；詹盛如，2020）。大學以教學、研究、社會服務為主軸的傳統思維，自二十一世紀開始重思其角色與社會定位，現今大多數的大學已自生態變遷與環境衝擊的影響中覺醒，透過社會責任實現永續發展目標（Ali, Mustapha, Osman, & Hassan, 2020），而Bokhari（2017）則呼籲社會責任應成為大學的願景或任務，且成為內部共識始可永續發展。López、Benítez與Sánchez（2015）認為大學的知識管理彰顯於一般性知識管理與社會角色，透過USR可將社會角色轉化提升為社會知識管理。

　　「朱雀先驅：屏東偏鄉三師共學模式」為教育USR計畫於108年度開始啟動，由屏東縣教育處擇選七所代理代課教師比例高之偏鄉國民小學，透過此計畫以客製化方式協助偏鄉學校進行教學創新以提升學生學習成效。七所學校中，A國小位於臨海漁村，全校一半以上的教師為代理代課職，而英文教師師資難求更是A國小長期以來的痛處。

　　依據《高級中等以下學校兼任代課及代理教師聘任辦法》（2021）第3條規定：「學校聘任三個月以上之代課、代理教師，應依下列資格順序公開甄選，經教師評審委員會審查通過後，由校長聘任之：一、具有各該教育階段、科（類）合格教師證書者。二、無前款人員報名或前款人員經甄選未通過者，得為具有修畢師資職前教育課程，取得修畢證明書者。三、無前款人員報名或前款人員經甄選未通過者，得為具有大學以上畢業者。前項第二款、第三款資格，應以具出缺科（類）專長者，優先聘任之。」因此，學校第一次公告招聘對象為具備該教育階段合格教師證書者；第二次公告招聘對象改為具有修畢師資職前教育課程，取得修畢證明書者；第三次公告招聘（以下簡稱三招）對象則為具有大學以上畢業學歷者。多年來，A國小的英

文教師均為三招以上之師資，而學校的學力測驗，英文不及格率非常高，因此如何提升A國小學童之英文能力成為該校亟欲解決之課題。

二　透過USR瞭解：雙語國家政策與幼小銜接的困境

行政院於107年12月通過「雙語國家政策發展藍圖」，以2030年為目標，推動：從需求端全面強化國人英語力、以數位科技縮短城鄉資源落差、兼顧雙語政策及母語文化發展、打造年輕世代的人才競逐優勢等四項理念（行政院新聞傳播處，2019），此政策符應國際教育政策思潮。歐盟會議於2001年提出未來教育應讓學習者具備八大終身學習的關鍵能力（key competency），首要的前二項能力即為母語以及外語溝通能力（天下雜誌，2006），而英語力之養成則為全球化潮流的教育要點（天下雜誌，2007）。然而，雙語國家政策對於英文師資匱乏的A國小而言，無異雪上加霜。對此，A國小希冀透過此教育USR計畫之幼小銜接子計畫，從幼兒園開始進行英語向下扎根，然後再向上擴及國小。

對於幼兒園英語向下扎根，根據《幼兒教保及照顧服務實施準則》（2021）第13條之規定：「一、以統整方式實施，建立活動間之連貫性，不得採分科方式進行。……四、有進行外語教學之必要者，應以部分時間融入教保活動課程……」。因此，A國小附設幼兒園英語向下扎根之實踐於取得幼兒家長同意書後，採融入例行性活動的方式，透過幼兒園教保服務人員的英文增能以及運用AI機器人輔助教學，由幼兒園教師以中英交織混用方式融入，讓幼童在快樂無壓力的自然情境中學習，進而提升其語感並引發其對英語的使用興趣，108學年度實施後成效頗佳，因此於109學年度開學初即與A國小討論尋思延伸此成效的幼小銜接之道。

教育部政策規定國小自三年級開始實施英語教學，但其實自90學年度起各校實施狀況不一，有些學校自小一即開始（盧慧真、陳泰安，2005）。教育部雖然依據「2030雙語國家政策發展藍圖」於2020年8月與國發會共同公布「2030雙語國家政策（110至113年）計畫」（2020，國發會、教育部），但

相關配套之法規尚未完備，故各地方政府仍以雙語實驗或試辦作為推動模式（廖偉民，2020）。

A國小的英語教學仍於三年級正式開始，但A國小為避免學童從幼兒園至國小後出現二年的英語學習中斷，特別在一年級的彈性課程中包含一節課的「生活英文」，並安排教學研討會讓國小英文教師瞭解幼兒園的教學方式與內容。然而，因為「生活英文」一週僅一節，40分鐘的學習偏向分科型式，而英文教師之教學理念強調字彙與發音的重要性，認為幼兒園可從英文字母作為教學的開端（教研20201005），此理念與幼兒園理念並不相符且違法《幼兒教保及照顧服務實施準則》之規定，幼兒園融入式英語教學不講求發音標準、字彙精熟、聽說流利，而是透過生活自然情境引發幼童對英語以及文化的學習興趣。因此，A國小英語向下扎根幼小銜接的方向調整為：由一、二年級導師於非正式課程（晨間、下課、午餐、放學等）中延續幼兒園的融入式英語模式。

三 透過USR合作：師培機構人力資源、人才培育與偏鄉學校的合作

A國小英語向下扎根由一、二年級導師擔任幼小銜接橋樑任務的方向雖定，但涉及幾項關鍵性議題：（1）幼兒園教師與一、二年級導師的交流；（2）一、二年級導師的英語增能；（3）一、二年級導師於非正式課程中融入英語的意願。與A國小行政主管討論後，上述三個議題先留置第3項，對於英語增能分成小群組（幼兒園與一、二年級導師）以及全校性的增能。為提升幼兒園與一、二年級導師的交流，由校長領航組成幼小銜接英文成長學習社群，透過社群活動以便幼兒園與一二年級教師共學，進而凝聚共識；全校性英語增能則由教務主任與「朱雀先驅USR計畫」負責國小英語的子計畫主持人規劃系列的全校性研習活動。

幼小教師英文成長學習社群的活動由師培大學構思、籌備、帶領，先透過面試擇選出具熱忱、英語能力佳且有兒童美語課後教學經驗的師資生。人

才到位後進行社群活動教案撰寫培訓，以培養其設計互動式遊戲、活潑型態的教學能力，而後每次的社群活動進行前均需先完成完整之活動詳案，經與子計畫之負責教師討論並依建議修正後始定案。

四 透過USR實踐：幼小教師英文成長共學

　　A國小幼小教師英文成長學習社群於109學年度第1學期中旬至第2學期初辦理，共進行5次活動，每次活動100分鐘，分為二節課進行。每節先以10分鐘進行引起動機、而後為35分鐘之發展活動，且每次活動之最後以10分鐘的綜合活動作二節課的複習與回顧。

（一）第一次

1　教學重點：學習可融入教學之20種英文用語。
2　教學資源：撲克牌及自製之用語字卡。
3　教學歷程：

第一節	一　引起動機：練習10種用語的唸法，確認發音。good morning, line up, stand up, sit down, hurry up, water bottle, drink some water, clean your table, listen carefully, wash hands
	二　發展活動 （一）節奏遊戲：節奏為拍一下手、拍一下大腿，循環五個用語，按順序排1-5，第一個人先喊「xx1」，第二個人要喊「xx」後再接著喊「oo2」，第三、第一個人接續喊「oo」、「oo」，以此類推，一直接到「**10」；若中間有出錯，則換用語順序，從頭再來一次。 For example: （節奏開始） A：「xx1」

	B：「xx」（啪、啪）「oo2」 C：「oo」 A：「oo」（啪、啪）「##3」 B：「##」 C：「##」 A：「##」（啪、啪）「**4」 （持續到10） （二）比手畫腳：1人比1人猜，限時1（or3）分鐘，看誰猜得多。 （三）踩地雷：每人隨機舉1張字卡在額頭前，看不見自己的字卡是哪個用語的狀態下，輪流說一個用語，若說到跟自己拿的字卡上一樣的用語，便爆炸。
第二節	一 引起動機：練習另10種用語的唸法，確認發音。 be quiet, any question? attention, repeat again, time's up, take turns, what happened? be careful, awesome, remember it
	二 發展活動 （一）心臟病：一組卡片50張，一個用語各5張，每人各1/3份牌組；排序5種用語，依序唸出用語，並翻出一張牌，若翻出的牌語唸出的用語相同，每個人都要拍卡牌，最後拍到卡牌的人則將方才翻出的卡片全部收回。 （二）猜字卡：1種用語2張卡，總共20張字卡；每回只有1次翻字卡的機會，翻字卡前就要用英文「先說出」他所猜的單字，若猜對，就可把字卡拿回，反之，則放回原地，順便再把字卡位置重新移動；接著另一個人，玩法同上。 （三）二人轉：兩人各拿1張字卡放在背後，互相試著看到對方的卡片，並大聲唸出來對方字卡上的用語，先唸對的人獲勝。

4　觀察札記：第一節課小二教師比較不敢開口說英文，到第二節課撲克牌遊戲進行時，大家忘記恐懼紛紛開口說英文。課程中教師們亦回饋，一致覺得以遊戲進行效果不錯，純教學可能沉悶。

（二）第二次

1. 教學重點：學習教室內常用14種英文用具；學習六種位置介系詞；學習一種句型。
2. 教學資源：撲克牌、大富翁、棋子、Bingo紙、自製用語字卡、單字物品。
3. 教學歷程：

第一節	一　引起動機：複習上一堂課20種單字用語；練習10種單字的唸法，確認發音。 pencil, eraser, ruler, desk, chair, black/white board, marker, chalk, door, window 二　發展活動 （一）歌謠：One little finger / one little finger / one little finger / tap、tap、tap / Put your finger up / put your finger down / put your finger to ＿＿＿＿＿. （二）打地鼠：將字卡放桌上，唸到哪個單字，一邊複述，一邊敲字卡（一次一個／兩個／三個單字）。 （三）配對：找出兩張一樣的單字，每翻開一張字卡，就唸出其單字內容與中文。 （四）心臟病：一組卡片50張，一個單字各5張；排序5種用語，依序唸出單字，並翻出1張牌，若翻出的牌語唸出的單字相同，每個人都要拍卡牌，最後拍到卡牌的人則將方才翻出的卡片全部收回。
第二節	一　引起動機：練習6種位置介系詞與句型。 in, on, under, next to, in front of, behind The ＿＿＿＿＿ is ＿＿＿＿＿ the ＿＿＿＿＿. 二　發展活動 （一）Bingo：桌上25張單字，每個單字對應1個題目；每人輪流選擇單字，完成題目指令，擺放正確的物品位置，先連成一條

	線的人bingo。 （二）大富翁：圖上每1個格子都有單字，移動1步就要唸出單字；走到四個角落的格子則需要抽籤，擺出物品（單字）的正確位置。

4 觀察札記：本次小一與小二導師以及幼兒園夥伴均參與。一開始英文歌謠的部分，大家顯得略為尷尬，待進入遊戲活動進行部分，教師們都很配合也很投入，整體上課氛圍狀況比上一次更加熱絡。

（三）第三次

1 教學重點：練習使用數字英文；練習星期英文。
2 教學資源：自製用語字卡、Bingo紙、撲克牌。
3 教學歷程：

第一節	一	引起動機：複習上一堂課單字用語；練習數字1-100英文發音。
	二	發展活動 （一）Bingo：1-25/26-50/51-75/76-100分四輪；每輪為5×5，先連成三條線的人Bingo。 （二）終極密碼：關主決定1-100之間其中一個數字，每個人輪流猜數字，關主會漸漸縮小範圍，最終猜到數字的人就輸了。 （三）撲克牌99：一人5張牌；從0開始往上加數字，超過99就輸了。每次加上數字後所有人要一起跟著唸一次。 ＊特殊牌：黑桃1：歸零（zero）；4：迴轉（return）；10：＋／－10；J：PASS；Q：＋／－20；K：直接到99（ninety nine）
第二節	一	引起動機：練習星期英文。 Sunday, Monday, Tuesday, Wednesday, Thursday, Friday, Saturday
	二	發展活動 （一）Bomb：依據字卡上的單字唸出單字，看到炸彈的字卡則不

	能出聲，而是拍手叫號：按照星期一至星期日的順序，每個人趁機喊出單字且雙手合十向上舉；最後一個喊出的字的人就算輸；若兩個人一起喊出來也算失敗。
	（二）排七：星期一～星期日各6張牌（6組共42張牌），排組平均發給所有人，每個人輪流出牌，卡片排列位置按照星期一至星期日的順序，每放一張牌就唸出單字，若沒有牌可以出則隨便覆蓋一張牌；最後需排出6組的星期一至星期日，覆蓋牌數最多的人輸。

4　觀察札記：此次進行的是1-100數字及星期一至星期日的單字，以多種遊戲進行達到反覆練習的效益，校長與參與教師都非常開心，認為有減壓效果。

（四）第四次

1　教學重點：練習顏色英文；練習月份英文。
2　教學資源：自製用語字卡、自製五子棋、撲克牌、大富翁、跳棋。
3　教學歷程：

第一節	一　引起動機：複習上一堂課英文用語；練習顏色英文發音。 red, yellow, blue, black, white, orange, green, purple, pink, brown
	二　發展活動 （一）簡單大富翁：每人輪流擲骰子，每一步都需唸出格子裡的顏色，先走到終點的人獲勝。 （二）五子棋：每個人拿不同顏色的棋子輪流放，棋盤上有不同的顏色，每放一個棋子就要唸出棋格裡的顏色，先用五個棋子連成線的人獲勝。 （三）跳棋：每個人拿不同顏色的棋子，試著把自己所有的棋子移動到棋盤的另外一邊，棋盤上有不同的顏色，每跳到一個格子就要唸出棋格裡的顏色，先把所有的棋子移動到棋盤的另外一邊的人獲勝。

第二節	一　引起動機：練習月份英文。 January, February, March, April, May, June, July, August, September, October, November, December 二　發展活動 （一）釣魚：一種單字4張，共有48張牌，每個人不能翻開自己的牌，按照順序出牌，出牌時唸出單字，誰出的牌與之前的某一張牌相同，就可以把這兩張牌之間的所有紙牌收入囊中，到遊戲結束的時候，誰手裡的紙牌最多，誰就獲勝。 （二）配對：每個人數6張牌，餘牌放置中央，並翻出4張海底牌置於桌上；依序從手上打出1張牌，若可與桌面上已亮出的牌配對，則可將其兩兩相撿，放置自己面前當積分，並從中央餘牌翻出一張牌。若玩家手中的牌無法與桌面上已亮出的牌配對，則可隨便打出一張牌放置桌面上，並從中央餘牌翻出一張牌。如果翻出的牌能與桌上亮出的牌配對，則仍可撿回放置自己面前；所有玩家的牌皆出盡後，開始計算積分，每一對牌可得1分，由分數最高者為贏家。

4　觀察札記：顏色的單字以大富翁、五子棋、跳棋等遊戲方式進行；月份的單字，以撲克牌遊戲進行，因為均為動腦型的遊戲，所以整體活動進行氛圍比較安靜，但是也有達到反覆練習讀誦單字的效益。

（五）第五次

1　教學重點：練習食物英文；練習餐具英文。
2　教學資源：自製用語字卡、自製撲克牌字卡、撲克牌、拼圖、賽跑跑道圖、餐具圖片、棋子。
3　教學歷程：

第一節	一　引起動機：複習上一堂課英文用語；練習食物英文發音。 　　rice, noodle, soup, pork, chicken, fish, vegetable, fruit, milk, juice 二　發展活動 （一）吹牛：每個單字五張牌，共五十張牌；撲克牌平均發下，A拿一張牌問B，B要猜出牌的單字，若B猜錯了，則A把牌給B，若B猜對了，A要把牌收回去；先把排出完的人獲勝。 （二）快手拼圖：每個人都各有一份被剪開的圖片與一疊單字撲克牌，不可以看牌，數1、2、3翻開最上面的撲克牌，然後依據單字拼出圖片，拼好後大聲唸出單字、最快的人獲勝。 （三）營養均衡：每個單字五張牌，共五十張牌，分成四組：主食、肉、蔬果、湯／飲料；一人先拿四張牌，最多也只能有四張牌，大家輪流抽牌，把不要的牌丟出來並唸出單字，誰先湊滿四組大聲說I'm full便獲勝。
第二節	一　引起動機：練習餐具英文。 　　spoon, fork, knife, chopsticks, bowl, plate, cup, straw, ladle, lunch box 二　發展活動 （一）賽跑：每人一個棋子放在地圖起跑點，地圖上每一步都有單字，大家輪流擲骰子，擲到幾點走幾步，在移動棋子的同時唸出單字，看誰先到終點。 （二）用餐禮儀：每個人都有一套餐具，配合剛才的單字，隨機抽出三張撲克牌，大家要在三秒內決定用什麼餐具盛裝、用什麼餐具用餐，決定好後大家輪流說自己會用哪些餐具用餐。

4　觀察札記：以食物、餐具為主題搭配各式遊戲活動，整個歷程進行氣氛熱絡，校長和教師均非常投入且積極學習。

五　透過USR展望：幼小銜接、偏鄉國小、雙語國家政策連結之成效與展望

　　A國小幼小教師英文成長學習社群活動之成效乃透過訪談社群成員作評估依據，進而為展望之剖析。訪談對象之邀請為A國小之校長、小一導師、小二導師、幼兒園教師代表，但因小一導師僅參與一次活動，其餘均因眼睛看診而請假，故小一導師婉拒訪談，所以實際受訪者為校長、小二導師、幼兒園主任等三人。訪談之型態考量疫情警戒狀況，採用視訊方式的一對一個別深度訪談。

　　茲就「A國小英文成長學習社群幼小教師英文共學之成效」與「偏鄉學校推動英語向下扎根之展望」剖析論述如下：

（一）A國小英文成長學習社群幼小教師英文共學之成效

　　對於A國小的幼小教師英文成長學習社群活動之成效，茲以教學型態、師資素質、教學內容、幼小銜接等四大向度剖析成效。

1　互動式遊戲方式與活潑的教學型態深獲肯定

　　對於幼小教師英文成長學習社群活動之教學型態，成員均予以高度肯定。因為活動以遊戲式互動型態進行，所以「上課滿活潑的，設計的課程和活動都蠻不錯的，不會就是很安靜讓大家想睡覺（B20210819）」。而「遊戲式的真的會提升學習的動機，因為有那個挑戰性……藉由遊中學，遊戲中學習我覺得很棒（A20210819）」。幼兒園園主任也表示：

> 我覺得老師上課的內容與活動安排，以遊戲的方式帶領、複習單字，單字的範圍是我們之前帶英語幼小銜接這個計畫所列出需加強的範圍裡面。比如說記憶翻翻卡讓我們去找一樣的單字，或是在教上下左右的時候，她會準備很多道具，讓我們可以實際對應方位，去找出up

and down、left and right。其實這個過程當中，會讓我們覺得學習英語沒有這麼枯燥乏味，雖然這些單字可能是我們以前國高中就學過的，可是再複習起來就會變得很輕鬆很愉快。整堂課下來笑聲不斷，用些桌遊的方式，老師很用心，會設計撲克牌，自製教具一張一張黏，真的很用心，在上課過程中很歡樂。玩遊戲時覺得很刺激，為了想贏這個遊戲而認真去記這個單字，整堂課上下來會覺得時間過得很快，以前學過但大學畢業後就不會再用到的英文又會再回憶起來。（C20210819）

2 師資生的專業知能與認真用心頗受好評

　　帶領活動的師資生自身英語能力良好，「我們的師資生程度很好（A20210819）」是成員的心聲，也因此「在遊戲中……都要去發音，那如果說真的發音有問題的話，那我們的師資生老師也是馬上要跟我們做一個糾正（A20210819）」，故對成員英語能力的提升主要為「我敢講，然後在遊戲中我敢說出來這樣（A20210819）」，換言之，「有幫助，因為平常我們是都幾乎沒有在用到英文……然後參加這個的話，我們就是可以再複習一下英文（B20210819）」。因此，師資生雖然於每次活動前的教案撰寫與教具設計製作相當勞心費力，但能令成員感受到其認真的專業態度，甚至激發成員的教學創意與巧思，相當值得。

老師很用心！英語發音也很標準，在過程中我也在那個學發音。因為我們大部分的老師不敢像老師那樣很自在地運用英文，大部分都會擔心自己的音調不正確、發音不標準，剛好有老師可以做一個示範，讓我們去調整。老師也帶著我們用遊戲的方式唸，讓我們跟著再唸一次，而老師很用心的是，會用團體遊戲或是桌遊的方式，在玩遊戲的過程中，比如像是翻記憶卡時，你要發出那個音才可以去翻，得到配對的卡，老師很用心設計這個方式，讓學員在課程當中不知不覺講了很多英文。而且老師連擺放的棋子都自己摺紙鶴，真的好用心！光剪

貼每張撲克牌，每換一個單字就貼一次，真的是太用心了，也讓我們學習到，要當一個老師態度真的很重要。用心準備與備課的態度。我可以從老師設計活動的那些巧思，當我回來要應用在課程的教學上或融入在作息的英語裡面，我們其實就會有更多好點子可以激發。上完課回來我們也會討論說：這次的活動很不錯，那我們如果應用在小朋友身上可能難度再做調整。比如說活動的配對卡本來有三十張，那我可能換成九張，並把單字量再減少，也許對小朋友來說難度就沒有那麼高，他們也會玩得很開心。其實會對我們教學上有滿多啟發的，很感謝老師每次提供我們不一樣的小遊戲，可以讓我們參考，改成適合班上小朋友英語的遊戲、融入在課程裡面。（C20210819）

3 教學內容與上課方式適合成人，但對於學童之適用度則觀點不一

A國小幼小教師英文成長學習社群活動的教學內容乃依據幼兒園將英語融入例行性活動的內容而設計，但遊戲的選擇與上課方式則以適用成人為考量，因此對幼兒園夥伴而言，「老師上課的方式滿適合大人的……我們回來會討論如果要改成應用在孩子身上的話，要去做個轉換（C20210819）」。而國小二年級導師則表示「幼兒園剛升一、二年級的小孩子，可能會有一點點的比較艱澀一點，因為城鄉差距有差（B20210819）」。但校長卻認為教學內容「是比較簡單的，蠻適合幼兒園大班跟小學一二年級，我覺得都蠻適合的（A20210819）」，因此會期待「然後如果可以的話，以後我也想看看應用在孩子身上的那種成效（A20210819）」，而幼兒園夥伴也有類似想法：「如果說，老師再教我們這個遊戲怎麼套用在學生身上，能再加強這方面，我覺得會更好應用到我們的教學上（C20210819）」。

4 偏鄉教師流動率高、國小低年級導師參與意願低，致使幼小銜接的延續性堪慮

對於由小一、小二導師於非正式課程中延續幼兒園的融入式英語教學模式，A國小校長相當認同：

是可以的，我覺得是可以的，現在就是他們願不願意開始做⋯⋯譬如說下課或是排隊或是吃飯，生活化的一些用語就用出來，而不是說今天是數學課才用數學課的英語來說，而是在那個平常的例行的活動裡面，那這樣的話才會生活化。

在國小端一二年級老師他們沒有用、也沒有學，所以就變成說我們幼兒園學完了以後，大班畢業以後到國小一年級就斷掉了，就是我們覺得很可惜，沒有做銜接的功能，也就是說一、二年級老師，因為他是最常接觸的，當然，其他科任老師也可以接觸，可是變成一二年級老師他長期的接觸，像我們在幼兒園我看到幼兒園的主任啊，老師們，他們都會用英語來跟孩子講attention，類似很多英語字眼：排隊呀、洗手呀，都用英語來跟孩子對話，可是到了一年級以後就斷層了，斷層了。我是覺得是最可惜的一個點。（A20210819）

雖然幼兒園夥伴亦認為可行，但小一導師顯現於社群活動的低參與率已透露其意願，而小二導師則表示：

覺得有一點點沒有辦法執行⋯⋯因為一、二年級的小孩子有很多作業上面需要訂正，所以課堂上有訂正和課程進度壓力，因此不太可能用到課堂上，可能只能利用一些些下課時間。那中午時段，因為一、二年級小孩子剛升，從幼兒園上來，他們很多東西都要自己來，所以都還在學習階段，可能中午時間也會很混亂，他們有時候可能吃飯啦，吃完飯要刷牙幹嘛的，都也會用到一些午休時間了，所以可能會比較沒有辦法去執行這個。

我覺得比較有困難的點，其實就是我一直很執著的一個點就是，我們學校的孩子他們根本，有些根本連幼兒園都是沒有辦法學習得很好，然後有些孩子就是從幼兒園到國小階段，他們有些連最基本的注音還有拼音什麼的都還不會，那這樣的話，我們就是必須還要從這個部分還要去慢慢的輔導，當國語還沒有辦法完全學好的時候，我就要直接給他說英文，他可能更沒有辦法去接受，他的挫折感會更重。

事實上，除了低年級導師的排斥外，偏鄉地區的高教師流動率亦使得A國小英語向下扎根幼小銜接的方向並不樂觀。誠如幼兒園主任所言：

> 現在遇到比較大的困境就是偏遠地區師資流動率真的很高。像今年度小一、小二的老師也都換人了，等於說之前社群上的老師，不少老師都有調動。覺得很可惜在師資流動率太高的部分，英語幼小銜接沒辦法延續上去，除非我們是個全校性的英語成長課程，有共通性推廣政策，在國小部學生朝會的時候可以每週一句英語，學校裡的作息時間融入一些英語的歌曲、對話廣播劇之類的。（C20210819）

（二）偏鄉學校推動英語向下扎根之展望

對於偏鄉學校推動英語向下扎根，分別以師培大學培訓師資生並至國小場域分享、幼小銜接之延續不宜僅低年級局部強化、破除偏鄉教師對學童學習的迷思與框架、納入家長作為英語向下扎根推動之助力等四大方向作為未來之展望。

1　師培大學培訓師資生並至國小場域分享

社群成員不約而同的表達師資生至實踐場域端分享與示範之需求。A國小附設幼兒園雖然對於英語融入例行性活動已有經驗，但仍希望：「如果說，老師再教我們這個遊戲怎麼套用在學生身上，能再加強這方面，我覺得會更好應用到我們的教學上（C20210819）」。而二年級導師亦有同感：「教老師們怎麼去教孩子們英文的話，小孩子學習起來也比較有動力，不然的話因為我們畢竟有一些老師她不是英文科系出身的，可能不知道怎麼去教英文（B20210819）」。校長更是對於師資生抱持甚高之期許：

> 希望師資生也到實際場域去教學，我相信會比較活潑吧！因為我覺得他們沒有被框架。學校老師都比較形象化固定化，那師資生是比較

> 新,比較新的模式進來,這個時候新的老師用比較活潑的讓孩子覺得講英文好好玩喔!他不怕,我覺得師資生可以扮演這樣的一個新老師的角色,一個新形象的老師的角色介入在一個環境裡面……更多的機會是到教室裡面或是在校園裡面,給在職的老師可以參考,讓他們看到可行性。(A20210819)

社群成員的想法與Martín-Rubio和Andina(2016)所提出的大學、產業知識轉化觀點不謀而合,也與Hopson、Miller和Lovelace(2016)的呼籲相符:強化大學與各級學校的合作是推動各人員增能改變的起點,亦是領導與服務永續發展的動力。

2 幼小銜接之延續不宜僅低年級局部強化

對於組成國小低年級導師與幼兒園教師之英語成長社群,以提升國小低年級導師將英語融入非正式課程的意願,A國小實施後發現:

> 有的老師他就是本身就是不喜歡英語,或是說否定英語。所以我覺得相對的他學習動機不強,他會覺得那是額外的。其實那時候他沒課啊,那他會覺得說那我還要去聽,就是說他本身的動機已經不強了,所以我覺得有時候這種東西變成是說我們是說服他來。(A20210819)

此情形符應Gardner(1985)的觀點,學習的動機高低影響對於語言的額外學習時間多寡。Gardner和Lambert(1972)指出融合型導向(integrative orientation)學習動機之學習者傾向融入語言所代表的文化與族群,具備較強之動機,而工具型導向(instrumental orientation)學習動機之學習者傾向職涯發展或工作需求等因素,因此A國小校長認為英語向下扎根「這是要整個學校去推動的(A20210819)」,並提出英語日、主題化、願景宣導等三項具體推動策略:

> 可以是英語日就是某一天是英語日……英語日就不是一二年級老師講囉，就是全校老師。譬如說在這一天多講一點英語……那種沉浸在英語的一個環境下就會讓孩子說出英語。（A20210819）

除了每週一天的英語日以外，A國小校長也建議最好有一到兩個月的主題，也就是搭配一至兩個月的節氣和慶典，同時配合在地社區的一些文化活動等，更能營造一個全校師生熟悉的學習環境。

> 所謂的英語日我會加在整個學校包括幼兒園跟國小。那我會希望說有一個主題式的。所謂的主題式就是說可能這個月或是這兩個月我們剛好是聖誕節，那我們整個節慶的氣氛之下，環境也有布置聖誕節的氣氛，然後我們有彩球或是聖誕禮物，這個時候就主題式了。那譬如說春天，春天花開，春天有春天的主題，然後中秋節有中秋節的主題。那當然都不是一天，它可能就是一個月或是兩個月的環境。我覺得環境很重要，把人丟到美國，那如果你每天看中國人，你雖然在美國但是你每天跟中國人講話，那你還是講中國話。但是你強迫在一個環境都是外國人，住在外國人的社區，你就必須看到人就要出來打招呼，需要跟他買東西你就要開口，我覺得環境的限制是很重要的一個因素。我也希望有一個主題式的呈現，一個月或是兩個月的方式。（A20210819）

英語日與主題化的推動策略符合Dörnyei（1994）外語動機三級論的學習情境層級（the learning-situation level），此層級為第三層級，是Dörnyei強烈建議應著重的層級。

除了英語日與主題化的執行策略，A國小校長認為英語向下扎根的願景不應侷限於低年級教師，而是讓全校教師都瞭解，一起共同努力。

> 學校端常常要將願景對著老師們，可能不只一二年級老師，可能對著

全校的老師們一起，除了共同研習以外，也要宣誓我們的願景，我們的願景是要提升孩子的英語能力。（A20210819）

幼兒園主任亦認同幼小銜接應全校性推動的方向，並提出具體建議：

全校性的英語成長課程，有共通性推廣政策，在國小部學生朝會的時候可以每週一句英語，學校裡的作息時間融入一些英語的歌曲、對話廣播劇之類的，主要還是老師們能夠像幼兒園這樣和他們持續互動。（C20210819）

國小教師具備自主權，因此學校願景之集體目標必須與教師個人目標共通而非相斥，始能形成教師團隊合作文化，提升教師合作的程度與品質（孫敏芝，2010）。因此，學校願景的宣導是實踐覺察與省思的關鍵點，不容忽視（林志成，2017）。

3 破除偏鄉教師對學童學習的迷思與框架

對於偏鄉學校推動英語向下扎根，二年級導師認為難度極高，因為：

城鄉差距還是有差，像在都市的話，他們家長就是可以把孩子教得很好，然後他們很注重學習。可是在我們鄉下地區，說真的家長比較沒有在重視這一塊。所以這個區域性的問題和區域性的差異，可能會造就孩子們對於英文的學習態度跟能力就會有差。（B20210819）

A國小校長則提出偏鄉學校推動英語向下扎根的關鍵在於「要怎麼樣打破老師的迷思，還有對孩子的框架？這個很重要（A20210819）」。偏鄉教師恐因學童家庭社經條件較差而將基礎不夠、能力不足、家庭知能缺乏作為設限之原因，再加上有考試進度壓力，較難提升其動力。

> 現在的老師他覺得他在課業就是要提升學生的各科的課業，他有壓力，所以他的動力不強，再加上偏鄉更不強，因為偏鄉的有時候老師有個迷思，會覺得說學那麼多幹嘛？根本就學不了那麼多！那甚至是把孩子的那個能力也設定了，學不了那麼多啦！
> 老師都把孩子設定沒有能力，然後家庭是沒辦法配合的，這樣的話我們就已經把孩子框架在他沒有能力學習、他的基礎是不夠的，或是家庭環境的知識不夠。事實上家庭知識不夠的時候是要靠學校端。
> （A20210819）

劉政輝（2018）批判教師本身的菁英思維造成對偏鄉學生標籤化的過低期待，此觀點符應A國小校長的感受，劉鎮寧（2019）亦認為偏鄉教育的根本問題之一在於慣性的歸責於外，使得學校欠缺體制內的課責與反思，並呼籲家庭功能不佳不該再成為學校無為之藉口，學校教育應亟思更為積極的施為，此呼籲亦與A國小校長的看法相合。因此，在偏鄉小校若欲推動英語向下扎根，破除偏鄉教師對學童學習的迷思與家庭不足的框架亦成為重要之課題。

4　納入家長作為英語向下扎根推動之助力

學童家庭的參與為各項教育政策推動不可少之助力，英語向下扎根亦然。A國小校長表示偏鄉家長或許自信心較不足但對學童同樣有高期許，所以家長的鼓勵應有助於學童的英語學習。

> 我們鄉下家長真的是勞力活比較多啦，也自己覺得沒讀什麼書，所以我是想說如果家長他不一定，不見得一定要會說，但是他怎麼去鼓勵，鼓勵孩子也能有機會接觸英語或是鼓勵勇敢的說，我覺得家長這方面可以做一個啟動。
> 我們社區裡面雖然是大部分都是屬於勞力型的家長，可是我發覺有幾位媽媽是對教育是有期望的，但是他們都很害羞……因為他們本身對

自己就沒有自信,連國字講故事都說我不會……如果我們有一個培訓,陪伴的話,應該就比較敢。(A20210819)

A國小二年級導師亦認為:「家長們也是需要知道這一塊的,因為真的非常多的家長都不清楚(B20210819)」,倘若家長對雙語國家政策不瞭解,恐將「沒有辦法去增加孩子的英文能力,那這樣子以後孩子學習起來會更辛苦(B20210819)」。對此,幼兒園主任疾呼:

英語向下扎根就是讓孩子知道這個語言對他來說在未來是有意義的,這樣他們才會願意去學習,但是目前臺灣語言的環境沒有像新加坡那樣很多人在使用英文,這個部分要包含家庭教育裡面,家長要敢講。(C20210819)

家長參與的確重要,受訪之社群成員均認為家長參與為英語向下扎根不可忽視之一環,但因A國小臨海漁村的偏鄉地理位置與社區環境,依據Riessman(1962)之家庭缺失理論,家長因為缺乏語文掌握自信與教育傳統,較少參與子女教育,而社會經濟狀況亦是家長參與子女教育之差異所在(何瑞珠,1998),陳聖謨與簡至悅(2015)的研究更顯示「低社經的家長並沒有與學校教師等同的教育水平,與教育事務有關的語文程度有限,加上經濟溫飽的生計壓力,造成參與程度薄弱。」(頁54),因此,如何提升家長之參與度與參與品質恐將成為另一重要議題。

六 結語

國小英語正式課程於三年級開始,對於英語師資嚴重不足的偏鄉學校A國小而言,學童英語學力測驗不及格率甚高,而面對「2030雙語國家政策」,如何配合因應成為必須正視之議題。「朱雀先驅:屏東偏鄉三師共學模式」教育USR計畫針對A國小困境以幼小銜接為主軸執行英語向下扎根,為

了延續幼兒園將英語融入例行性活動之成效，邀請國小低年級導師與幼兒園教師組成英語成長社群活動，由師培大學師資生入校定期帶領活動，透過互動式遊戲方式，活潑的教學型態，以期提升國小低年級導師將英語融入非正式課程的意願，進而突破現有國小課程架構的限制以及偏鄉英文教師不足的困境。然而，由於國小一年級導師的參與意願低，且二年級導師亦對將英語融入非正式課程的可行性存有疑慮，再加上A國小教師的高流動率，英語向下扎根不應侷限於低年級教師的局部強化。對於偏鄉學校而言，學童英語學習的幼小銜接願景必須擴大為全校性之行動，透過凝聚共識並破除偏鄉教師對學童能力與學習的迷思與框架，同時將家長納入合作推動的夥伴，以深化英語向下扎根之力道，進而提升其實施成效。

參考文獻

天下雜誌（2006）。**2006年教育專刊：海闊天空十週年**。臺北市：天下雜誌。

天下雜誌（2007）。**2007年教育專刊：英語力——敲開全球化大門**。臺北市：天下雜誌。

幼兒教保及照顧服務實施準則（2021年8月18日修正）。取自https://law.moj.gov.tw/LawClass/LawAll.aspx?pcode=H0070047

行政院新聞傳播處（2019）。**2030打造臺灣成為雙語國家——厚植國人英語力 提升國家競爭力**。取自https://www.ey.gov.tw/Page/5A8A0CB5B41DA11E/74eb5a0e-436d-4b78-9a1c-9d379f805331

何瑞珠（1998）。家長參與子女教育：文化資本與社會資本的闡釋。**教育學報，26**（2）。233-261。取自https://www.hkier.cuhk.edu.hk/journal/document/EJ/ej_v26n2-v27n1_233-261.pdf

林志成（2017）。特色學校願景實踐之領導智慧。**教育研究，274**，55-67。

林秋芬、余珮蓉（2018）。大學社會責任的實踐與推廣。**新臺北護理期刊，20**（2），1-7。

孫敏芝（2010）。國小教師團隊合作文化的雙面向探討——以發展學校願景為例。**課程與教學季刊，13**（1），117-140。

高級中等以下學校兼任代課及代理教師聘任辦法（2021年7月22日修正）。取自https://law.moj.gov.tw/LawClass/LawAll.aspx?pcode=H0150024

國發會、教育部（2020）。**2030雙語國家政策（110至113年）計畫**。取自https://ws.moe.edu.tw/Download.ashx?u=C099358C81D4876C725695F2070B467E436AA799542CD43DD55F44F76C8950FA0345952B63707BAF3A2863FAB05AE12B38DD1F6D5F239175539889E9A51E4218BF73678B015F5ED779FCC0E956BD1B49&n=4372855EF97F833B0A85BDFD84BDD8B3714540C16B0A48DFC5CAD70A7EFF5E29C5AB7D19BBF7B0A47145DF524A92E0A3&icon=..pdf

張奕華、吳權威、許正妹（2020）。大學社會責任之意涵與案例分析。**臺灣教育評論月刊，9**（2），11-17。

陳聖謨、簡至悅（2015）。從放手到放心的想望──偏鄉家長參與學校課程事務的個案研究。**教育理論與實踐學刊，31**，33-61。

詹盛如（2020）。評介《大學社會責任與生活品質》。**當代教育研究季刊，28**（4），97-106。

廖偉民（2020）。2020年臺灣公立國小推展雙語教育之探討。**臺灣教育評論月刊，9**（9），90-96。

劉政輝（2018）。偏鄉教育問題在哪？打破低期待與標籤化，別讓他們繼續被犧牲。取自http://opinion.cw.com.tw/blog/profile/407/article/6685

劉鎮寧（2019）。偏鄉教育問題的批判思考與政策評析。**國家教育研究院教育脈動電子期刊，19**，1-6。

盧慧真、陳泰安（2005）。由國家語言政策評估臺灣幼兒英語教育之現況發展。**環球技術學院科技人文學刊，2**，45-56。

Ali, M., Mustapha, T. I., Osman, S. B., & Hassan, U. (2020). University social responsibility (USR): An Evolution of the concept and its thematic analysis. *Journal of Cleaner Production, 286*, 2-19. https://doi.org/10.1016/j.jclepro.2020.124931

Bokhari, A. A. (2017). Universities' social responsibility (USR) and sustainable development: A conceptual framework. SSRG International Journal of *Economics and Management Studies* (SSRG-IJEMS), *4*(12), 8-16. https://doi.org/10.1016/j.jclepro.2020.124931

Dörnyei, Z. (1994). Motivation and motivating in the foreign language classroom. *The Modern Language Journal, 78*, 273-284.

Gardner, R. C. (1985). *Social psychology and second language learning: The role of attitudes and motivation*. London, Ontario: Arnold.

Gardner, R. C., & Lambert, W. E. (1972). *Attitudes and motivation in second language learning*. Rowley, Mass: Newbury House.

Hopson, R., Miller, P., & Lovelace, T.S. (2016). University–School–Community Partnership as Vehicle for Leadership, Service, and Change: A Critical Brokerage Perspective. *Leadership and Policy in Schools, 15* (1), 26-44, https://doi.org/10.1080/15700763.2015.1071402

López, S. G., Benítez, J. L. S., & Sánchez, J. M. A. (2015). Social knowledge management from the social responsibility of the university for the promotion of sustainable development. *Procedia-Social and Behavioral Sciences, 191*, 2112-2116. https://doi.org/10.1016/j.sbspro.2015.04.327

Martín-Rubio, I., & Andina, D. (2016). University knowledge transfer offices and social responsibility. *Administrative Sciences*, 6 (4), 20. https://doi.org/10.3390/admsci6040020

Riessman, F. (1962). *The culturally deprived child*. New York: Harper and Row.

偏鄉學校運算思維教材的發展與評估

陳新豐

國立屏東大學教育學系教授

摘要

　　本文旨在探討偏鄉學校運算思維教材的發展與評估的策略及內涵，首先從運算思維的定義、與教學連結及其在教育層面的應用及影響等向度說明，接下來說明目前偏鄉學校的特色、教師現況以及學習者在偏鄉的學習環境中的學習現況，綜合運算思維的定義內涵以及偏鄉學校的性質特色，提出偏鄉運算思維教材的發展可以從（一）教材是否適切；（二）教學流程在教學知識、教學提示與教學投入；（三）教材內容評量實施是否真實以及（四）科技輔助是否兼顧互動性等四個方面加以考慮，並且文中針對偏鄉運算思維教材發展與評估提出相關建議。

關鍵詞： 偏鄉、運算思維、教材發展

The Development and Assessment of Computational Thinking Materials in Rural Areas

Chen Shin-Feng
Professor, Education Department, NPTU

Abstract

The aim of this study is to explore the strategies and connotations of the development and assessment of computational thinking materials in rural areas. First, we explain the definition of computational thinking, the connection between such thinking and instruction, and its application and impact on education. Second, we illustrate the current-day characteristics of rural schools, present situation of teachers, and learning conditions of learners in rural learning environment. According to the integration of the connotations of computational thinking and the features of rural schools, we propose that the development of computational thinking in rural areas could be considered based on the following four dimensions: (1) the appropriateness of teaching materials, (2) a combination of pedagogical knowledge, implications, and instructions in the teaching process, (3) the reality of the assessment of material contents, and (4) interactivity of technological assistance. Finally, this study offers suggestions about the development and assessment of computational thinking in rural areas.

Keywords: rural areas, computational thinking, material development

本文旨在探討偏鄉學校運算思維教材的發展與評估的策略及內涵，首先將從運算思維的定義、與教學連結及其在教育層面的應用及影響加以說明，接下來說明目前偏鄉學校的特色、教師現況以及學習者在偏鄉的學習環境中的學習現況，綜合運算思維的定義內涵以及偏鄉學校的性質特色，提出偏鄉運算思維教材的發展與評估方向，依序說明如下。

一　運算思維的定義與內涵

運算思維能力的培養，則需透過課程實施，引領學生建構能力，其主要內涵包括模式的一般化、抽象化、系統化、符號系統、表示方法、演算法、結構化、條件邏輯、效率與執行限制、除錯等，如何將運算思維的能力培養整合到課程之中是需要深入研究與探討，本文將從運算思維的意涵、運算思維與教學的連結、應用以及運算思維對於未來影響等四個部分來說明運算思維的定義與內涵。

（一）運算思維的定義

國民中學教育階段之課程著重於培養學生利用運算思維與資訊科技解決問題之能力，高級中等學校教育階段則逐步進行電腦科學探索，以了解運算思維之原理而能進一步做跨學科整合應用。十二年國民基本教育課程綱要科技領域的「壹、基本理念」中提到「資訊科技課程以運算思維為主軸，透過電腦科學相關知能的學習，培養邏輯思考、系統化思考等運算思維，並藉由資訊科技之設計與實作，增進運算思維的應用能力、解決問題能力、團隊合作以及創新思考的能力。」此外，資訊科技課程亦須透過資訊科技相關之社會、人文與自然議題，建立資訊社會中公民應有的態度與責任感（教育部，2019）。從上述中，可以理解運算思維主要內涵包括（1）運算思維包含邏輯思考、系統化思考等；（2）運算思維的應用能力，不同於解決問題能力、團隊合作以及創新思考的能力，亦即應具備運用運算工具之思維能力，藉以分

析問題、發展解題方法,並進行有效的決策等二大部分。

　　Wing（2008）在其「Computational thinking and thinking about computing」一文中,提出運算思維（Computational Thinking, CT）的定義是運用電腦科學的基礎概念進行問題求解、系統設計以及人類行為理解等涵蓋電腦科學之廣度的一系列思維活動。Wing（2008）認為運算思維就像讀、寫、算等能力,將成為二十一世紀人類的根本技能。

　　二〇一五年十二月美國國會通過《每個孩子都成功法案》（*Every Student Succeeds Act*, ESSA）,取代過去十三年主導美國教育方針的《別讓孩子落後法案》（*No Child Left Behind*, NCLB）,將「電腦科學」納入「通識教育」的一門學科,視其為全面教育的一環;二〇一六年總統歐巴馬再提出「全民電腦科學倡議」（Computer Science for All）政策,預計在未來三年投入四十億美金經費,補助電腦科學教育,讓所有學生都能夠具備基本的程式編寫能力。美國電腦科學教師協會（Computer Science Teacher Association, CSTA）於二〇一一年重新修訂的美國K-12電腦科學課程標準中,將運算思維視為貫穿整個資訊科學課程的主軸。CSTA定義運算思維為一種「讓解決問題的方法可以利用電腦來實現」的思維方式,運算思維是指提出問題,並構思一個流程讓電腦或者是人類能有效解決問題的一個思考過程。

　　英國教育部（2014）提出Computing Progression Pathways與Computational thinking Framework Map,其中Computing Progression Pathways的橫軸包括Algorithms、Programming與Development、Data與Data Representation、Hardware與Processing、Communication與Networks、Information Technology等六個面向,至於縱軸則是學生學習進展的八個階段,用不同的顏色表示,由上而下是由入門到進階,適用於英國學制中KS1（一、二年級）、KS2（三、四、五、六年級）、KS3（七、八、九年級）,至於在這個學習進程中,所運用的運算思維之概念,包括（1）AB＝Abstraction（抽象化）;（2）DE＝Decomposition（拆解）;（3）AL＝Algorithmic Thinking（演算法）;（4）EV＝Evaluation（評估）;（5）GE＝Generalisation（歸納）等五個概念,當然這就是運算思維所包括的內涵範疇。

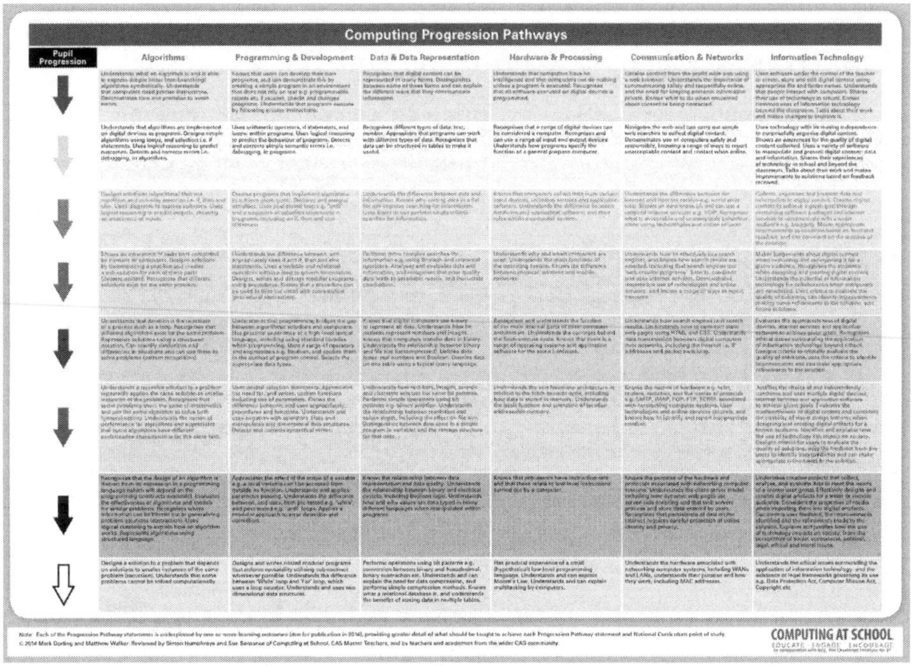

圖一　Computing Progression Pathways

（資料來源：https://community.computingatschool.org.uk/resources/1692/single）

綜上所述，在運算思維的思維步驟中，包括有以下幾個主要的步驟。（1）問題進行拆解（Decomposition, DE）：將一個任務或問題拆解成數個步驟或部分問題。（2）找出問題規律（Pattern Recognition, EV）：找出問題中的相似之處，其規律的內涵，並且評估問題的可行性。（3）歸納與抽象化（Pattern Generalization and Abstraction, GE & AB）：解決問題中只專注於重要的資訊，忽視無關緊要的細節。（4）設計演算步驟（Algorithm Design, AL）：提出解決這問題的步驟、規則。

（二）運算思維與教學的連結

教育部（2019）所提出之十二年國民基本教育課程綱要中對於資訊科技

的學習內容，則藉由資訊科學的初步探索讓學生進一步理解運算思維之相關原理，以培養整合資訊科技與有效決問題能力。

Barr與Stephenson（2011）在"Bringing computational thinking to K-12: What is involved and what is the role of the computer science education community?" 一文中提出運算思維可以應用在各種不同的學科領域中，例如在數學領域中，可以使用代數的變數、辨識應用問題中的基本事實、研究代數函數與程式函數的比較、使用迭代來解決應用問題等都是運算思維元素中的抽象化的應用，又例如在數學領域中利用長條圖、圓餅圖來表示資料都是運算思維中資料表示元素的應用。

資訊科技學習內容包含六大面向：「演算法」、「程式設計」、「系統平臺」、「資料表示處理與分析」、「資訊科技應用」、「資訊科技應用以及與人類社會」等，分別說明如下（教育部，2019）：

（1）演算法：包含演算法的概念、原理表示方法設計應用及效能分析。
（2）程式設計：包含的概念、實作及應用。
（3）系統平臺：包含各式資訊系統平臺（例如：個人電腦、行動裝置、網際網路、雲端運算平臺）之使用方法、基本架構工作原理及未來發展。
（4）資料表示、處理及分析：包含數位資料的屬性、表示轉換及應用。
（5）資訊科技應用：包含各式常見軟體與網路服務的使方法。
（6）資訊科技與人類社會：包含合理使用原則，以及資訊倫理、法律及社會相關議題。

（三）運算思維在教育的應用

運算思維是指提出問題，並構思一個流程讓電腦或者是人類能有效解決問題的一個思考過程。運算思維在教學的學習內容與資訊科技的學習內容是具有緊密結合的關係，以下將依善用運算思維解決日常生活問題與運算思維是各領域人才的重要能力等兩個部分來說明運算思維在教育上的應用。

1　善用運算思維解決日常生活的問題

　　具備運算思維能更善用運算解決日常生活問題，日常生活與運算的關係越來越密切，包括社群網路、智慧型居家、醫療、交通與購物等。Wing（2006）認為在基礎語言能力中應該加入電腦運算的因素，在讀、寫和算數之外，還需要該加上電腦運算的概念：「電腦運算思考的技巧，並不是只有電腦科學家的專利，而是每個人都應該具備的能力及素養。」。

2　利用運算思維培養領域人才的能力

　　運算思維是各領域人才中重要能力，例如在科學與工程領域方面，可以利用運算模擬建築結構，以確認安全性；利用運算預測氣象，以增加準確性，在人文與社會領域方面，可以利用運算分析並優化廣告投放策略，利用運算分析人口老化趨勢與醫療資源分布，又例如在藝術領域方面，則可利用運算建構三維動畫，又或者是利用運算創作數位音樂。

（四）運算思維對未來的影響

　　未來人才需求，具備善用運算思維中運算方法與工具解決問題的能力，另外亦需有具備創新與動手實作的能力，包括問題解決、溝通表達與合作共創，而這樣的能力應用在日常生活之中，當人們不斷接觸到新的資訊應用時，深入思考了解「這是怎麼做到的」、「經過哪些流程才能做」，保持這樣的好奇心，將複雜的現象和問題一步步拆解，運算思維才能真正在生活中發揮作用。

　　Kivunja（2015）指出二十一世紀的關鍵能力包含：批判性思考與解決問題、溝通、合作共創以及創造力等關鍵能力。

　　運算思維在教學上扮演著學習革命性的地位，這是在目前強調人工智慧的學習式態中，一波無法避免的時代性浪潮，無論是教學者或者是學習者都應該要謹慎地了解並面對它，以運算思維為程式設計的基礎思考，讓學習者

認識並熟練程式設計與運算思維，以利學習者可以優雅地面對複雜多變的社會情勢。

二 偏鄉學校的性質與特徵

依據教育部（2018）的定義，偏遠地區學校的分級與認定標準中，包含學校所在地有無銀行，距離高鐵、捷運的距離，以及當地基地臺數目、老化指數等十六項指標，其中「地域位處偏遠且交通狀況不便者，或數位學習不利地區之學校」即是偏鄉學校。無論是海之涯或者是山之巔，偏鄉的風景總是讓人覺得特別地動人，而偏鄉孩子的笑容所呈現出來的都讓人覺得特別天真純樸，偏鄉的老師大都是默默耕耘的一群，不過偏鄉學童學習不利的問題一直都存在，也讓偏鄉教育的美景，始終有一抹讓人掛心的隱憂鬱美。以下將從偏鄉學校的特色、教學者的素質表現以及學習者的表現等三個方面來說明偏鄉學校的特質與特徵。

（一）偏鄉學校特色

學校往往是偏鄉的知識中心、文化中心與創業中心，在偏鄉，學校是一個希望與未來的所在，偏鄉學校若能發揮適當的角色，即可讓偏鄉的學習者得到充分的發展，有利用縮短城鄉之間的差距（林志成，2018；許添明、葉珍玲，2014）。

楊瑗如（2018）、牟嘉瑩、楊子嫻（2016）即指出偏鄉學校的特色主要有：(1) 位置偏遠與交通不便，資訊傳播不易，有優秀的教師人才，卻人手不足、流動率高；(2) 文化脈絡（包括族群、宗教和歷史背景等）具有個殊性，導致部分課程的內容與設計並不適配當地；(3) 人口外流，人口偏少造成教育經費分配不足；(4) 隔代教養或家庭功能不彰，社經地位弱勢，無法支持足夠的學習資源。

偏鄉有些山地小校為求表現、爭取經費，一味地營造學校特色，規劃許

多各式各樣課程，表面上看似辦學績效卓著，實質上卻忽略學生的基礎能力紮實地帶起來（甄曉蘭、李涵鈺，2009）。

面對全球化及未來不確定的挑戰與機會，學生需要培養因應生活及工作的新知識、理解、技能、態度、價值、素養與行動能量（OECD, 2012, 2016），因此面對偏鄉學校學習資源不足、師資流動率高、教師無法專心教學、學生程度落差大等各種挑戰下，宜與時俱進，以新視框、新做法，有效處理與化解問題癥結。

（二）偏鄉教師現況

從事教育工作必然會面臨問題與挑戰，而偏鄉小校的教師面對偏鄉學校的環境，其特徵與現況說明如下。

趙凱文（2018）、張淑雯（2018）、何慧群、永井正武（2016）等相關研究即指出偏鄉教師的現況具以下特徵：（1）師資結構不全與流動率高：這是偏鄉學校之基本問題，也因此造成師資素質不齊，隨著代理教師約聘時間不一，造成教師流動率高，教師教學帶班的時間不能完整規劃，更間接影響偏鄉學生的受教權；（2）教師專長不易發揮：因為編制的問題，教師必須負責許多不同科目的課程，疲於處理不同的年段、不同的科目與內容。因此在現實的狀況下，教師能發揮其專業知能的機會就會變小；（3）偏鄉教學年資過短：偏鄉的正式教師若不是住在學校附近，通常不願到偏鄉服務，因為每天通勤必須耗費許多時間。因此，偏鄉學校往往變成縣外教師遷調的跳板。

2016年，教育部已擬具「偏遠地區學校教育發展條例草案」，開始試辦「教學訪問教師」計畫以及偏鄉「教學換宿計畫」，期待能改善偏鄉教師流動率過高以及正式教師不足的問題，若能再系統化思考並強化良師培育、任用及進修制度，兼重能力、素養及批判省思的師資培育取向，培養、引進、表彰專業熱忱、持續精進的師資，激勵高專業、高熱情的教師長期任教偏鄉，加給制度能適度地與教師的教學及學生學習的品質結合，則學生學習品質不佳的問題可能獲得緩解。

（三）偏鄉學生學習

針對偏鄉學生的學習特徵，張淑雯（2018）與趙凱文（2018）即指出有以下的特徵：（1）學科缺乏興趣；（2）學習動機不高：學習成就感較低落，放學後繼續專心於課程加深學習的人數有限，文化刺激較少、同儕競爭不激烈的學習下，自然而然，學生的學習動機就比較差。高天龍（2018）針對偏鄉學生資訊刺激問題指出，偏遠地區由於家庭經濟困頓，資訊媒體設備缺乏，學生較難獲得最新的教育資訊，也無法像市區的孩子常接觸到最新的媒體訊息。在這知識急遽擴增的時代，資訊更新的相當快速，偏遠地區的學生難以跟上時代的腳步，造成城鄉的差距越來越擴大。偏鄉學校學生學習不穩定，加上藝能科老師少，偏鄉很多有美術、運動、表演天分的孩子，沒有啟發，也無法表現。

綜上所述，偏鄉學校教育學童學習成就低落來自環境的不穩定，包括家庭功能失能、雙親工作穩定以及學校老師的流動率過高。

三　偏鄉運算思維教材分析

李威霖（2016）進行情境式運算思維教材之發展與評估研究中，發現其所發展的情境式教材具有（1）有效幫助學生學習運算思維的分解問題策略，尤其是教材中的小遊戲及實作活動；（2）可以增加學生學習電腦科學的興趣與意願；（3）幫助學生了解運算思維與解決實際生活問題的相關性。劉明洲（2017）針對運算思維、程式設計的課程教材提出以下幾點建議：（1）釐清小學、中學與大學各階段的學習目標，據以規劃可行的教學內容；（2）透過與其他課程的連結讓教學更為順遂；（3）創客教育、運算思維與程式設計，除了要培養能力，興趣與習慣遠重要於知識的學習。邵雲龍（2019）在視覺化程式融入運算思維之教材發展與評估的研究中，發現運算概念教材對於學習成效的掌控，必須要再融入更多的生活化情境，讓學生透過已認知的事物來學習程式，效果會比較好，也能增加它們的學習動機。

因此，評估運算思維教材應該要從：（1）教材是否適切；（2）教學流程在教學知識、教學提示與教學投入；（3）教材內容評量實施是否具真實性評量的內涵；以及（4）科技輔助是否兼顧學生學生互動、師生互動以及內容互動等幾個方面來加以進行。

針對上述偏鄉學校的特性，老師的特徵以及偏鄉學校學習者的特性中，運算思維教材的設計與分析應該要有所因應，因此，以下即針對偏鄉運算思維的教材分析說明如下。

（一）教材要點

運算思維的教材內容的選擇應該考慮偏鄉學校的環境個殊性，符應在地的特色，讓學習弱勢的偏鄉學童可以從本身所熟悉學習環境，加以應用運算思維的教材內容。

（二）教學流程

教材的教學流程大部分皆是由教師先以提問方式與學生互動，引導學生以運算思維方式理解與討論教學內容，接下來再以實作活動搭配資料科技或工具的輔助（例如Google表單、試算表等）實踐運算思維解決課程問題，最後則收斂課程將知識做更多的延伸與應用，在整個課程的教學過程中來培養運算思維（李威霖，2016）。

偏鄉學校的教師因為編制與教學環境的需求，需要身兼數職，而培養教師在運算思維教材的教學專業，則是強調運算思維的教材內容應包括適切的教學知識，善用教學提示以及培養偏鄉學校的教師專業，表彰專業熱忱，激勵高專業、高熱情的教師專業（趙凱文，2018；張淑雯，2018）。

（三）評量設計

評量的趨勢是由強調學習成果的評量，進階到促進學習的評量，而後發展成評量即學習，而偏鄉小校的學生因為學校地理位置的環境，造成學科學習動機比較低落（張淑雯，2018；趙凱文、2018），因此在評量的實施更是需要注意與情境結合的內涵。針對內容加以評估、強調真實學生學習情境的評量，鼓勵學生培養和應用自省及反思的能力，隨時思考自己的學習狀況，並作調整。也因此，學生可以在自己的學習過程裡扮演更主動的角色，提供更為有效益的回饋機制。

（四）科技輔助

偏鄉學校的學習者因為於課程加深學習的人數有限，文化刺激較少、同儕競爭不激烈的學習下，自然而然，學生的學習動機就比較差（張淑雯，2018；趙凱文，2018）。因此在偏鄉運算思維的教材設計，更需要強調利用科技輔助的學生互動、師生互動以及教學媒體呈現，除了強調媒體豐富度之外，運算思維教材內容的互動設計也是需要再加以考慮的重點。

綜上所述，偏鄉運算思維教材分析的內涵如圖二所示。

四 發展與展望

數位科技的發展讓人目不暇接，面對數位世代的學生，面對全球強調運算思維教育的潮流，如何回應快速變化的世界，俾讓我們的下一代能從容的面對挑戰，自信地迎向未來社會重要培養的素養內涵。

教材內容的設計要考慮其適切性與學習者環境的個殊性，教材內涵應具備豐富有效的教學知識，善用教學提示，培養偏鄉學校教師的專業投入，教材的評量內涵應以真實性的評量情境為主，提供有效率的回饋，至於科技輔助學生互動、師生互動造成學習內容的互動，以此為評估偏鄉運算思維的教

材的重要項目與內涵。

　　資訊科技影響世界,因此偏鄉運算思維教材的良窳,攸關學生的學習興趣與學習成效,藉由適切的偏鄉運算思維教材,利用多元管道讓全民了解運算思維與生活的密切關係,喚醒社會大眾對於運算思維的重視,尤其是務實地推動,弭平全民的數位落差,蓄積資訊科技運算思維的基本素養,才能昂然自信地邁向世界。

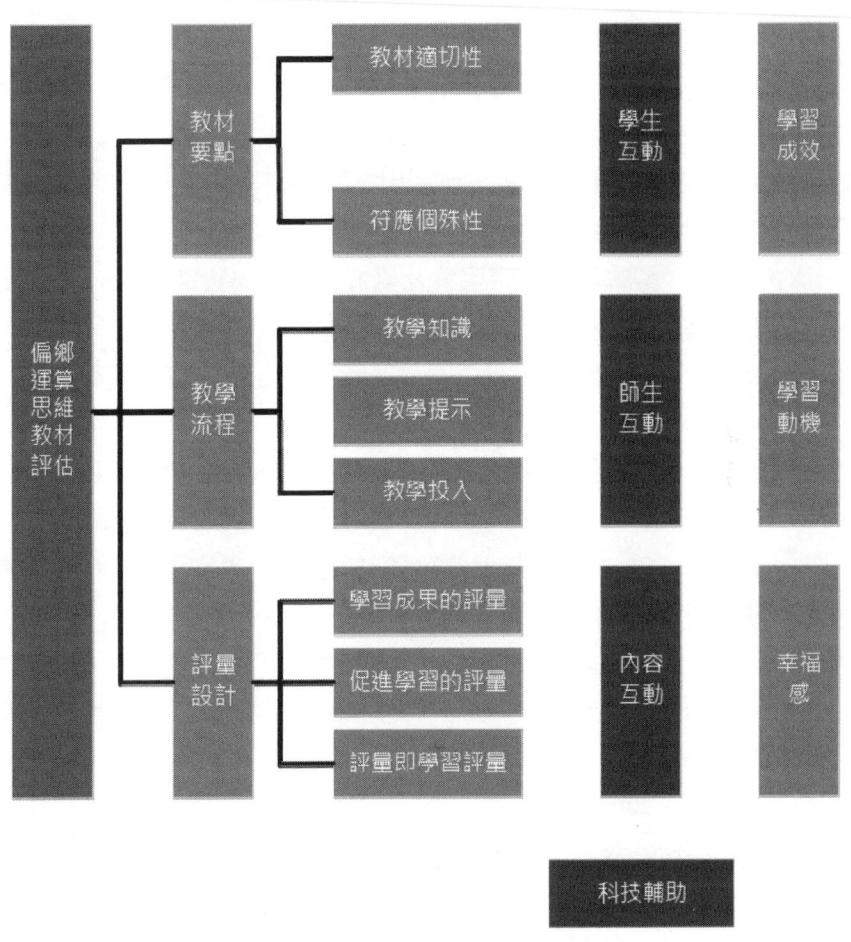

圖二　偏鄉運算思維教材分析評估架構圖

參考文獻

牟嘉瑩、楊子嫺（2016）。點亮教育的「心」燈火——偏鄉教育。**臺灣教育評論月刊**，**5**（2），04-06。

何慧群、永井正武（2016）。偏鄉小學教育：校長駐校與代理扶正。**臺灣教育評論月刊**，**5**（2），12-20。

李威霖（2016）。**情境式運算思維教材之發展與評估**（未出版之碩士論文）。臺灣師範大學資訊教育研究所：臺北市。

林志成（2018）。點亮偏鄉希望的成功密碼。**竹縣教育**，**47**，9-20。

邵雲龍（2019）。視覺化程式融入運算思維之教材發展與評估。**先進工程學刊**，**14**（2），103-110。

高天龍（2018）。偏鄉地區教育困境及偏鄉校長領導實踐之探討。**南投文教**，**35**，25-29。

張淑雯（2018）。弭平偏鄉的不平——點亮教育的燈塔。**竹縣教育**，**47**，91-98。

教育部（2018）。**偏遠地區學校分級及認定標準**。臺北市：教育部。

教育部（2019）。**十二年國民基本教育課程綱要**。臺北市：教育部。

許添明、葉珍玲（2014）。偏鄉地區教育——成功專案。**教育人力與專業發展**，**31**（1），5-16。

楊瓊如（2018）。每位孩子帶上來——教育機會均等之理念在國民小學教育現場的關注與實踐——以竹縣一所偏鄉小校為例。**竹縣教育**，**47**，57-70。

甄曉蘭、李涵鈺（2009）。理想與現實的落差：偏遠國中實施九年一貫課程的困惑與處境。**教育研究集刊**，**55**（3），67-98。

趙凱文（2018）。淺談在山地偏鄉教育困境及教學之看法。**竹縣教育**，**47**，107-110。

劉明洲（2017）。創客教育、運算思維、程式設計——幾個從「想」到

「做」的課程與教學設計觀念。**臺灣教育評論月刊,6**(1),138-140。

Barr, V. & Stephenson, C. (2011). Bringing computational thinking to K-12: what is Involved and what is the role of the computer science education community?. ACM Inroads, 2, 48-54.

Kivunja, C. (2015). Exploring the Pedagogical Meaning and Implications of the 4Cs "Super Skills" for the 21st Century through Bruner's 5E Lenses of Knowledge Construction to Improve Pedagogies of the New Learning Paradigm. *Creative Education*, 6, 224-239.

OECD (2012). Equity and quality: Supporting disadvantaged students and schools. Paris: OECD.

OECD (2016). Global competency for an inclusive world. Retrieved from https://www.oecd.org/pisa/aboutpisa/Global-competency-for-an-inclusive-world.pdf

Wing, J. M. (2006). Computational thinking. *Communications of the ACM*, 49, 33-35.

Wing, J. M. (2008). Computational thinking and thinking about computing. *Philosophical Transactions of The Royal Society*, 366, 3717-3725.

我在屏東偏鄉「實踐」USR：
生命敘事取向[*]

楊智穎
國立屏東大學教育學系教授

摘要

　　基於USR計畫的執行不只是一種書面資料或活動結果，同時也是一具生命力的人類活動過程，因此本研究透過生命敘事取向的分析視角，敘說個人在屏東偏鄉參與USR計畫的實踐之旅。為了對整個參與USR計畫的過程有更清楚的敘述，本研究先分別針對如何和偏鄉USR結緣、如何認識USR計畫的相關概念，及偏鄉三師實踐案例進行描述，接下來針對相關問題進行省思與討論，包括大學教授要如何連結場域中的議題至課堂中的教學，及USR計畫推動過程中的結構性影響因素。最後提出未來推動USR計畫的展望。

關鍵詞：大學社會責任、生命敘事取向、偏鄉

---

[*] 本文係由個人口述、中國語文學系李珮司同學記錄文字，最後個人進行文章的潤飾與增刪。

A Story of USR Project in Rural Areas of Pingtung:

A Life Narrative Approach

Yang Chin-ying
Professor, Department of Education, Nationa Pingtung University

Abstract

The practice of an university social responsibility (USR) project not only covers written information or the outcome of an activity, but also presents a vital human life process. Therefore, this study illustrates a personal journey of participating in the USR project implementation in rural areas of Pingtung, Taiwan from the perspective of life narrative approach. In order to describe the complete process of implementing USR project more precisely, this study firstly explains how to approach an USR project , how to recognize the concepts of an USR project, and how to implement the 3-Teacher co-learning model. Secondly, this study conducts some reflections and discussions on related issues, including: (1) how universiey professors integrated issues in different fields into class instruction and (2) the structural factors of affecting the USR project . Finally, the study provides some suggestions about USR project promoting.

Keywords: university social responsibility, life narrative approach, rural areas

一　從生命敘事取向出發

　　為了鼓勵大學師生走出學術象牙塔，教育部在2018年啟動第一期「大學社會責任」計畫（以下簡稱USR計畫）（2018-2019），共分為「在地關懷」、「產業鏈結」、「永續環境」、「食品安全與長期照護」，及「其他社會實踐」等五議題，並依計畫規模、成熟度，分類為種子、萌芽和深耕等三種類型。此外，第一期計畫還規定各申請計畫的大學，必須連結聯合國永續發展目標（Sustainable Development Goals，簡稱SDGs），從SDGs所列十七項指標中至少選擇一項符合自身與地方條件的指標，以提高未來與國際社會對接的可能性，同時還要結合地方議題，提出具實質意義之解決方案（張育瀚，2020）。2020年又續推動第二期計畫（2020-2022），然本期的USR計畫則變更為「大學特色」與「國際連結」兩大類。

　　然因USR計畫同時也屬一競爭型計畫，各大學為了「面子」，同時兼顧「裡子」，無不卯足全力爭取此計畫。從巨觀的角度，教育部會推動USR計畫，和對高等教育受新自由主義之負面影響的反思有關，包括經濟與市場邏輯，其同時也反映世界各國的高等教育改革趨勢，特別是許多的國際性組織皆有推動大學社會責任的相關措施，如「經濟合作暨發展組織」的「地區性學習經濟概念」，及歐盟推展的大學社會責任架構等（楊正誠，2019）。因此USR計畫的形成其實是特定社會歷史脈絡下的產物。然就微觀的角度，許多會參與USR計畫的大學教授，大多也是對在地場域問題的解決有興趣者，因此USR計畫的執行過程也和學校中特定人物的生命史有關。

　　此外，由於推動USR計畫必然要與場域成員進行對話與合作，而場域中的文化脈絡又是相當複雜且不可測，當大學教授要執行這樣的計畫時，必然會遭遇到種種不同於學術研究的「難題」，每一個難題與因應過程都是一種故事，如Bruner所言，「此故事之所以值得講、值得理解，其價值就在於有那難題的存在，難題不只是主角與境遇之間的錯配，更是主角建構該境遇之時的內在掙扎」（宋文里譯，2001）。再者，透過故事也可覺醒一直在發展的經驗，覺醒與世界境遇的方式（Greene, 1995）；更重要的是，說故事也是一種

意義建構的方式（Egan, 1988），而不見得一定要依賴科學性量化數據所呈現出的意義。本文闡述個人在屏東偏鄉「實踐」USR的故事，其旨趣即在此。

為了對個人在屏東偏鄉的USR故事有更深入理解，本文再引用Popkewitz（1988）的觀點，他指出，要理解研究，即有必要透過傳記、歷史和社會結構間的互動，本文認為對「USR計畫」執行的理解亦然。因為「USR計畫」的執行同時也是一具生命力的人類活動過程，而不只是一種書面資料或活動結果。在「USR計畫」執行過程中，行動者必然會受到不同脈絡中社會結構的限制，但透過行動者所採取的行動策略，也可能改變結構，或進一步改寫歷史。本文即在上述分析視角下，再透過生命敘事取向，敘說個人在屏東偏鄉參與USR計畫的實踐之旅。

二　如何和偏鄉USR結緣

個人會參加USR計畫是個歷史的偶然，這故事要追溯至2018年，那時教育部開始推動第一期USR計畫。所謂USR計畫，其計畫旨趣即是鼓勵大學善用自身學術專業，解決地方問題，同時定位大學不單純只作為學術傳播的殿堂，還要進一步與地方產生連結。記得在第一期USR計畫申請時，在古源光校長積極領導下，邀請人文學院與教育學院各提出一個計畫，當時以人文學院為主軸的團隊係提出「搖滾社會力：在地關懷為導向的社會企業與公益實踐培力」計畫，而教育學院主軸團隊則提出「讓生命不同凡想：屏東身心障礙成人服務友善環境的建置」計畫。一看此兩個計畫的命名，就覺得相當吸引人。由於當時個人擔任教育學院院長一職，因此兩個計畫主持人在教育部進行報告時，我也陪同到場給予鼓勵、支持。

誰知道沒隔多久，教育部又啟動第二期USR計畫申請，而這項艱鉅任務很快輪到我來燒腦。在第一期USR計畫執行兩年後，2020年教育部要求各校可再申請第二期USR計畫。在第二期USR計畫中，一個學校最多提案四件，教育學院再度被賦予重任。然究竟第二期USR計畫的內容要提什麼呢？這個問題確實困擾著我許久。當時個人因同時兼任師資培育中心主任，加上偏鄉

師資問題一直困擾個人服務學校所在的屏東縣，因此與學校主管討論後，就決定以「偏鄉教育」為主軸去提案。可是接踵而來要解決的問題，則是要邀請哪些師長幫忙，主要在於每個大學老師都是非常忙碌，撰寫計畫對大學老師而言，無疑是在已經勞碌的學術生活中，又增加教授們身心理方面的負擔，加上此計畫申請來的又急又快，短時間要找到有空去撰寫的師長，也是相當有難度。就在我焦頭爛額之際，還好有多位校內師長的熱心支援，才能將此計畫順利完成。

在計畫撰寫之初，個人邀約當時教育學院陳新豐副院長先幫忙處理初稿，並特別敦請林曉雯副校長擔任計畫主持人。因為偏鄉學校教師最缺乏的是國、英、數相關教學專業知能，於是在英文部分，便邀請應用英語學系潘怡靜教授，數學部分邀請師資培育中心張育萍教授，國語部分邀請中國語文學系鍾文伶教授來協助。此外，還邀請教育學系李雅婷教授協助偏鄉混齡教學，幼兒教育學系陳惠珍教授協助偏鄉幼小銜接，師資培育中心楊志強教授幫忙偏鄉數位科技，我和陳新豐教授則同時兼負整個計畫的深化評估工作。在計畫申請前，為取得屏東縣政府支持，團隊成員也去屏東縣教育處，拜訪教育處長和副處長，除了向他們說明此計畫的執行內容，並請他們推薦屏東縣極需大學協助的偏鄉學校名單。在考量學校需求和配合度，最後選擇屏東原住民地區和沿海地區的偏鄉學校作為合作夥伴學校。原住民族地區學校包括地磨兒民族實驗小學和佳義國小，沿海地區則包括佳冬國小、玉光國小、東海國小、塭子國小和大成國小等五所學校。

決戰USR計畫申請是否通過的關鍵點，則是取決於在教育部所進行的口頭報告。2019年十二月由個人代表計畫申請團隊到教育部進行報告，李雅婷教授和鍾文伶教授則陪同進行補充說明。在計畫報告過程中，審查委員對我們所撰寫的計畫內容，自然也提出些質疑，但我們只能竭盡自己所能，力求將他們的質疑說明到最完善。報告結束後，我其實不敢期待USR計畫能通過。直至2020年初，教育部告知計畫通過的消息，第一時間是感到茫然的，因為那時對USR的概念其實是相當模糊，計畫啟動執行才是真正挑戰的開始。

回顧當時計畫撰寫過程，考量國內大部分USR計畫對偏鄉教育問題的解

決，多針對偏鄉學校中的學童，因此團隊成員便決定換個角度去看待與解決偏鄉教育問題。其中，考量屏東縣偏鄉學校教師流動率極高，所以我們便將此次計畫重點聚焦在要如何把老師留住，同時將計畫主軸設定在解決「偏鄉老師」問題上。只不過單憑大學一己之力，想要解決偏鄉教育問題是不太可能的事，因此團隊成員又決定以「三師共學」作為計畫的核心理念。「三師」包含大學教授、小學老師和師資生，而「三師共學」則是一種透過上述三師協作共學所採取的實踐策略。在計畫命名方面，團隊成員希望能創造出一個響亮的名稱，思考許久後，決定將計畫名稱命為「朱雀先驅：三師共學模式」（以下簡稱朱雀共學）。其中的「朱雀」係為中國傳統文化中是四象之一，其身覆火焰，終日不熄，它是代表南方的神獸，團隊成員希望透過「朱雀」這樣一個意象，來照亮屏東偏鄉，這是整個計畫命名的由來。

三　如何認識USR：概念ing

　　由於USR計畫的核心之一即在透過大學與場域間的合作，共同解決在地的問題，為達此一目的，團隊成員特舉辦一個合作儀式，請實踐場域學校校長前來屏東大學，頒發給各夥伴學校USR匾額，並媒合各場域學校所要協同的大學教授。然在執行一段時日後卻發現，各個場域學校所要推動的合作事項在交由各協同教授執行後，卻發現有的合作方案並未聚焦在「三師共學」的主軸。個人思考其原因，主要在於執行初期還不清楚USR的概念與運作策略，至於要如何改善，第一年仍無法提出一個較為系統性且具體的改善策略，對個人而言，2020年係定位為USR計畫「摸索期」。

　　2020年八月一日個人正式卸下教育學院長院長一職休假去，然八月起休假的那半年也是個人自我充電的半年。對於何謂USR？其要如何運作？又要如何評核？真正觀念的啟蒙是在個人於2020年十一月參加由東華大學辦理的第三屆「鄉村的轉向與再形構」學術研討會場合。此次研討會的主軸即聚焦在USR計畫。透過聆聽其他學校的報告，讓個人從中汲取到許多與USR計畫有關的學術養分，也從過程中了解USR的概念，及大學可以採取何種行動策

略去執行USR計畫。2021年二月休假結束後,基於休假半年的省思沉澱,個人再為這個計畫重新繪製一個實踐架構圖,如圖一所示,冀望2021年重新再出發,讓每個要執行的計畫方案都能扣緊「三師共學」。

圖一 「朱雀共學」計畫實踐架構圖

2021年所要執行「朱雀共學」計畫,主要會聚焦在三個主軸方案,這三個主軸方案也都要扣緊「三師共學」。第一個主軸方案為「大學偏鄉實踐課程的設計與運作」。這是在大學場域中所進行的偏鄉實踐課程發展,例如在執行過程中,會邀請偏鄉教師到大學課堂,與大學教授一起進行協同教學,並向師資生分享偏鄉教學經驗;換言之,主軸方案一的用意是讓偏鄉教師與大學教授一起來培育師資生。歸納主軸方案一中的偏鄉實踐課程類型有三,包括微學分課程、跨領域學分學程和特色非正式課程,茲分別說明如下:

（一）微學分課程

為落實USR計畫中人才培育的目標，自2020年起，「朱雀共學」計畫就規劃一系列的「微學分課程」，並命名為「素養導向的偏鄉教育」，課程主題會選擇與偏鄉教育有關者，如「專業畫／話出故事力──偏鄉繪本設計教學與應用」、「在地化桌遊設計與教學應用」等，修習該微學分課程累計滿二十小時，會由學校行政單位核給計一學分的證明。

（二）跨領域學分學程

設置跨領域學分學程的目的在鼓勵學生藉由修習相關課程，培養具備理解與解決在地場域問題的實踐能力。「朱雀共學」計畫在2021年設置一個「偏鄉教師專業素養的學分學程」，課程架構主要分為核心課程和選修課程兩部分，核心課程包括「閱讀寫作與創意表達」、「素養導向英語教學理論與實作」、「國民小學數學教材教法」及「教學實習」等四門科目，而該學分學程中的一些科目會選取自學校既有的科目，學生修畢其中十八學分者會核予證明。

（三）特色非正式課程

特色非正式課程係利用課餘或寒暑假期間，安排學生到合作場域學校參觀、發展校本教材或辦理營隊等。2021年五月起，雖受疫情影響，許多暑期的場域學校要辦理的活動無法執行，但與屏東佳冬國小的英語課程活動，在潘怡靜教授的努力下，仍透過線上英語夏令營的方式，在2021年暑假順利完成。

「朱雀共學」計畫的第二個主軸方案為「偏鄉學生學習輔助教學模式的建立」。此方案主要是由師資生針對偏鄉學生需要扶助的學習科目，設計

「客製化」的課程方案，實際到場域學校中與現職教師合作進行教學實施。以往這樣的活動都是利用寒暑假實施，如各師培大學一直在運作的「教育部大學師資生實踐史懷哲精神教育服務」計畫，而「朱雀共學」計畫透過學期中的正規課程時間，與偏鄉教師合作，除了進行課輔活動，同時與學校教師一起思考應如何協助偏鄉學生，這樣的運作模式可提供現階段各師培大學推動偏鄉學習扶助的參考。

第三個主軸方案為「偏鄉課程與教學模式的發展」，此主軸方案主要媒合師資生與偏鄉學校教師合作，一起研發學校正在發展中的課程方案，如校訂課程或特色課程等。師資生在大學階段參與這樣課程研發工作，不僅可驗證課堂中所習得的理論，協助偏鄉學校課程研發過程中人力的不足，同時也能協助其獲得寶貴的偏鄉學校教育實務經驗。

為有效落實上述三大主軸方案，「朱雀共學」計畫也規劃相關的配套措施，如圖一，包括跨領域策略聯盟、多元微型社群的運作、網路專業成長系統的建立，和實證研究的介入。

（一）跨領域策略聯盟

為了能汲取其他執行USR計畫大學的實踐經驗，並針對共同關心的議題進行合作，「朱雀共學」計畫團隊積極與國內大學建立跨領域策略聯盟，到目前為止已分別與東華大學、臺灣師範大學、臺南大學、暨南大學和高雄科技大學等，針對USR計畫的相關問題進行互訪與對話。

（二）多元微型社群的運作

多元微型社群包括師資生本身的社群、師資生與偏鄉教師組合的社群，及大學教師的社群，透過此一多元社群的運作，目的都在透過共學，以解決在地偏鄉的教育問題。

（三）網路專業成長系統的建立

偏鄉學校因為地理位置離屏東大學較遠，交通問題常導致實質互動的不便，而透過網路系統專業成長系統的建立，就不用每次都需千里迢迢跑到偏鄉學校，不僅如此，網路系統還能提供相關USR資料給夥伴成員參考。

（四）實證研究的介入

實證研究的介入主要在協助解決偏鄉場域學校所遭遇到的問題，其型態除了大學教師團隊和學生團隊對在地偏鄉教育問題的實研究的介入，還包括目前教育部積極推動的USR教學實踐計畫，大學教師配合場域的議題，在大學課堂中針對自身的教學進行行動研究。

四 偏鄉三師課程實踐案例分享

2021年二月個人休假回來後，由於經過一段時間的沉澱思考，在該年度的寒假期間便積極拜訪幾所場域學校，以尋求合作的主題，同時藉此強化該計畫的核心主軸——「三師共學」。以下分享2021年上半年與屏東玉光國小和佳冬國小合作實踐的USR案例。

（一）屏東玉光國小課程研發案例

為落實與場域學校在合作議題上的互惠原則，2021年二月寒假特定到玉光國小，和該校廖淑珍校長和學校教師團隊共同省思2020年「朱雀共學」計畫待改進的地方，同時商討2021年的合作事項。基於培育未來師資生具備十二年國教課程所需的課程研發知能，同時也解決偏鄉學校課程研發人力不足的問題，於是決定以「校訂課程」和「英語融入社會領域課程」發展作為共同合作主軸。在校訂課程的研發方面，主要先將屏東大學師資生進行分組，

並與玉光國小教師組成共學社群，接下來針對學校的在地文化特色，配合校訂課程的實施，進行相關課程方案的設計。分析此案例實踐過程所遭遇到的困難，即是很難找到有意願投入此USR方案的師資生，因為他們還要再花正規課程之外的時間，加上無法進行學分抵免。較幸運的是，感謝教育學系黃子瑄師資生的熱心協助，邀請同儕中對偏鄉教育有意願的同學參與此USR方案。以下是各組師資生與玉光國小合作，所完成的課程成果，每組括號的屬名為設計者：

第一組：媒體識讀與社會議題（陳曉蓉、王祈雯）。
第二組：非常聊玉（劉芷寧、施怡如）。
第三組：家鄉彩集趣（黃子瑄、徐翎甄）。

　　至於「英語融入社會領域課程」，除了配合玉光國小本身的課程需求，同時也配合現階段教育部推動「2030年雙語國家」政策，只是要如何與玉光國小協同研發雙語課程，由於本身並未具英語專業背景，因此在發展之初，個人便邀請任教於高雄師範大學師資培育中心，並具雙語課程研發經驗的一位黃絢質教授來屏東大學辦理雙語課程設計工作坊。參與的師資生則是選擇教育系碩士班選修「課程發展與設計」的學生，透過融入正規師培課程來實施此方案。為了讓師資生所設計的課程方案能符合玉光國小的需求，在過程中，個人還邀請玉光國小教務主任和英語老師到大學課堂上，向師資生講解玉光國小的校訂課程，及雙語課程實施狀況。由於玉光國小的雙語主要是請外師來協助，但外國老師懂英語，卻不見得懂學科知識，透過師資生的協助，不僅可解決偏鄉夥伴學校在雙語課程發展的困境，師資生也可藉此提升自身在未來職場上的競爭力。

　　關於「英語融入社會領域課程」的實際運作過程，和校訂課程方案研發的流程有所不同。個人會讓學生在堂課上先分組，由於全班修課程學生有二十一個人，因此就分為七組，接著和玉光國小團隊討論後，以國小三至六年級社會領域為範圍進行主題的設定，在整個雙語課程方案設計過程會輔以個

人所教授的課程發展與設計理論，特別是加入十二年國教課程所強調的素養概念，並與師資生針對課程設計成品進行三至四次的討論與滾動式修正，同時在六月八日與玉光國小團隊針對雙語課程設計成品，辦理成果分享會。最後完成的七件雙語課程設計成果如下，每組括號的屬名為設計者：

第一組：美麗的家鄉（張凱翔、黃思迪、陳慧敏）。
第二組：西瓜嫁南瓜（陳瑾、梁晉魁、蔡佳伶）。
第三組：玉光料理西瓜軍（胡薰匀、楊琬渝、張玉芬）。
第四組：Our Neighborhood——Look! There is a Watermelon（沈芳平、王筱瑛、吳佩軒）。
第五組：世界文化特色節慶（王秋琤、施瑋涵、王麗玥）。
第六組：認識我的學校（李冠蓓、朱容嫻、張宥羚）。
第七組：國小雙語課程設計臺灣野生動物資源（張潔薇、蕭亦珊、麥錦萱）。

（二）佳冬國小學習扶助實踐案例

個人與佳冬國小合作進行USR方案和玉光國小不同，由於佳冬國小認為他們最需要的是學生的補救教學，因此與佳冬國小的合作案就針對「學習扶助」。至於要如何實施此方案，同樣遇到的是師資生來源和交通不便的問題。由於從屏東大學到佳冬國小距離稍遠，開汽車至少也要花四十分鐘，況且許多師資生不會開車，而且平時也都有許多課業要處理，若每個禮拜都到佳冬國小進行課輔，是有其難度。因此在招募師資生的過程，只有一位師資生願意義務進行此一偏鄉USR補教教學工作，還好在交通部分，佳冬國小蘇曉憶校長願意幫忙，從屏東載師資生至佳冬國小進行課輔，之後再自行搭乘火車返回市區。因此師資生的招募，是未來要克服的難題。

五　省思與討論

　　回顧參與USR計畫的相關會議，許多與會者都在會議中特別指出，在大學任教其實是相當辛苦，而願意投入USR計畫的教師，很多都會具備某一特殊的人格特質，即願意付出。雖然「朱雀共學」計畫的實際執行不到兩年的時間，但透過這段時間的計畫執行，也引發幾個值得省思的問題。首先是關於USR計畫中大學場域的課程運作。以「朱雀共學」計畫中的偏鄉課程為例，過去大多會利用寒暑假時期，主要的考量在於學生到場域需耗費許多時間，在寒暑假較有空。然寒暑假所辦理的活動畢竟仍屬非正式課程，加上許多偏鄉學校存在諸多招聘不到教師的問題，如能在學期中正規上課時間實施，引導學生到場域進行課程實踐，對場域學校的實質幫助必然較大。為解決上述問題，大學課程彈性化是一個可思考的方向，例如可將一學期十八週縮減為十五或十六週，教師才有機會利用空出來的其他週次帶領學生進場域進行課程實踐。其次是進行大學課程的概念化，所謂的「課程」，不一定得坐在教室裡面聽講才能稱為「課程」，其實教室外的「場域」也可被視為是一種學習空間，特別是學生在場域實作所獲取的經驗，是課堂中的學術知識講述所無法習得的。

　　當然，要連結場域中的議題至大學課堂中的教學，大學教授的意願和態度也是關鍵，如果大學教授只關心學術理論的講授，或不了解在地的場域脈絡，或缺乏與在地社群合作的經驗，要如何期待他們的教學會與在地場域知識產生連結。就本文中的「朱雀共學」計畫，要培育未來偏鄉學校所需的師資人才，大學已不可能單獨擁有師資培育，而必須和偏鄉學校成為夥伴關係，大學提供理論，偏鄉教師提供實務，兩者互相激勵、共學，共創偏鄉教育的無限可能，此觀點和近年被學界強調的「學習共同體」理念相似，而在共學的過程也可加入研究的元素，大學教授、師資生和在職教師在課堂教學中，透過研究共思在地偏鄉教育的問題。

　　第二個要省思的是關於USR計畫推動過程中的結構性影響因素。回顧個人執行「朱雀共學」計畫的過程，並非一帆風順，其中所存在一些結構性問

題是大學無法解決的。例如一所場域學校成員告訴我，因為請一位代理教師幫忙屏東大學做USR，結果那位代理老師反而提早離開代理教師工作。個人那時候就在想，執行該USR計畫的目的是要把老師留在偏鄉，但有時增加老師額外的工作負擔，卻可能造成教師的抗拒，這也是公立學校在推動教育改革常會遭遇的問題。此同時也反映，有些偏鄉教育問的問題並非憑大學一己之力就可以完成，如果學校制度的結構性問題不改，你賦予越多工作給老師，有可能越留不住老師，這確實是一個相當弔詭的現象。因此，對大學而言，連結地方的真正意義，並不在於大學能快速地發掘地方的問題，而是大學能深層地閱讀地方、理解地方，以及深度的思考地方（楊士奇，2020）。就此，要解決偏鄉教育的問題，各師資培育大學可以做的，應是讓師資生於在職前師資培育階段多去了解偏鄉，願意實際投入參與偏鄉教育活動，如此有機會到偏鄉學校任教時，就較不會否定偏鄉的一切，說不定還會認真考慮是否要待在偏鄉，為偏鄉教育犧牲奉獻一段時間。

六　繼續未完的故事

　　本文透過生命敘事進行個人在屏東實踐偏鄉USR的書寫，旨在跳脫傳統以KPI或特定量化指標來看待此一競爭性「計畫」執行的方式。誠如歐用生（2006）所言，每一個人都有故事要說，每一個人都能寫故事，當人感覺到自己立基於個人歷史或自己活生生的生活時，才能問自己的問題。書寫自己在屏東實踐偏鄉USR的故事亦是如此，除了在解決偏鄉學校教育的問題，同時也在解決自己教學生涯中的限制與困境，特別反思成為大學教授生涯過程中所欠缺的養成訓練，例如要如何與場域中的普羅大眾溝通互動。此外，個人也要強調，這個屏東偏鄉USR故事是獨特的，無法套用在其他地區的USR計畫實踐，個人也要鼓勵各地區的USR計畫參與者，透過故事的書寫，從自身USR計畫實踐的生命歷程中發現屬於自身的意義，此意義是「防範教師」（teacher－proof）之評估系統所無法呈現出來的。

　　故事書寫至此，其實還未結束，本計畫共為期三年，至2021年十二月三

十一日才結束，因此還有一年多的偏鄉USR計畫之旅要去經歷。從2021年五月的疫情爆發，除了導致USR計畫原本要執行的任務必須做一些變更，同時也讓個人體會歷史的多變與無常。未來歷史結構和脈絡和現在必然有所不同，未來故事的發展也會不同於現在，但只要場域中的行動者願意投入，故事必然一樣精彩。然對於後續大學推動USR計畫的期許，個人建議各大學應努力讓它成為大學辦學的DNA，而只不出現在教育部所補助的競爭型計畫中，為了USR精神能永續發展，與計畫相關的制度規劃，特別是課程制度設計，期許能與現有的大學課程制度進行適切的整合。

參考文獻

宋文里（譯）（2001）。J. Bruner著。**教育的文化**。臺北市：遠流。

張育瀚（2020）。**大學社會實踐責任之方案評估：以中央大學為例**。臺北大學社會暨公共事務學系碩士論文，未出版，臺北市。

楊士奇（2020）。大學社會實踐責任：打造閱讀地方的腦迴路。**臺灣教育評論月刊，9**（2），8-10。

楊正誠（2019）。大學社會責任發展的國內外趨勢。**評鑑雙月刊，79**，32-36。

歐用生（2006）。**課程理論與實踐**。臺北市：學富。

Egan, K. (1988). *Teaching as story telling: An alternative approach to teaching and the curriculum.* Chicago: The University of Chicago.

Greene, M. (1995). *Releasing the imagination-essays on education, the arts, and social change.* San Francisco: Jossey-Bass.

Popkewitz, T. M. (1988). Personal practical knowledge series: What is in research project: Some thoughts on the intersection of history, social structure, and biography. *Curriculum Inquiry, 19* (4), 379-400.

屏東縣排灣本位國語文教材之分析

鐘文伶

國立屏東大學中國語文學系助理教授

摘要

　　為推動多元族群的文化傳承，近年屏東縣政府大力推動原住民本位教材，本文以原住民族課程發展中心所編製之排灣本位國語課本為研究對象，透過文本的分析，從選文內容、組織架構、視覺效果等面向進行研討，發現本套排灣本位國語文教材不僅取材生活化，選文多元，有神話傳說、禮俗祭典、文化工藝、原民文學、倫理價值、歷史地理，文體涵蓋了散文、新詩、劇本、新聞報導等，更有多元族群、環境保護、南島語系、原住民人權等議題，具有高度的國際觀。其次，教材以兒童為設計中心，遵循由淺入深、由近而遠的原則，在課後練習單元，也有不少文化增能單元。因此，本套民族本位國語教材不僅反映排灣族文化內涵，編排上也符合兒童認知發展與語文學科素養的學習需求，兼具了情意認知、知識建構與批判思考，能讓學生了解族群文化、熱愛文化。

　　美中不足的是課後練習以記憶性評量居多，由於十二年國教講求素養能力培養，是否需要這麼多記憶性的練習評量，則有待思考。此外，最初發展排灣本位教材時，受限於時程、人力、經費等因素，是以紙本教材為主，近期受新冠疫情影響，數位學習更顯重要，規劃完善的數位教材是刻不容緩的課題，建議未來可發展並建置數位相關教材、教具及學習平臺。

關鍵詞：民族教育、學校本位課程、排灣族

An Analysis of Paiwan-based Chinese Materials in Pingtung County

Chung Wen-ling

Assistant Professor, Department of Chinese Language and Literature, National Pingtung University

Abstract

The Pingtung County Government in Taiwan has been activey promoting aboriginal-based teaching and learning materials in recent years to enhance multi-ethnic cultural inheritance. The object of this study is the Paiwan-based Chinese textbooks that are edited by the Indigenous Curriculum Development Center with the aim to explore and discuss their contents, structure, visual effects, etc. through context analysis. The results indicate that the Paiwan-based Chinese material series are life-oriented and has great context diversity, offering artices in myths, legends, etiquette, festivals, culture crafts, indigenous literature, ethical value, history, and geography. The genres of thr contexts include prose, contemporary poetry, scripts, news reports, etc. and provides a highly global perspective in terms of some issues such as population diversity, environment protection, human rights of Austronesian and indigenous peoples, and more. The materials are also children-oriented and have some assessments at the end of every unit to improve students' cultural competence from easy to difficult. Therefore, not only does this kind of material set reflect the connotations of Paiwan culture, but the arrangement further conforms to children's cognitive development and meets students' learning demands for language competency. The combination of its affective cognition, knowledge construction, and critical thinking enables students to understand and enjoy multi-ethic cultures.

The assessments of every unit mostly require memory skills. However, the 12-Year Basic Education emphasizes driven competence, and so it is worth considering whether massive memory-required assessments are such necessary. In addition, at the beginning of Paiwan-based materials development, most versions are in paper due to the limitation of time, manpower, expenditure, etc. E-learning is gaining its popularity due to the COVID-19 pandemic, so developing complete e-learning materials should be a pressing issue. Consequently, it is suggested to develop and set up e-learning-related materials, teaching aids, and learning platforms in the future.

Keywords: aboriginal education, school-based curriculum, Paiwan

一　前言

　　傳統教科書的編纂往往是以優勢族群或主流文化為主，甚少關注到弱勢或是少數族群的文化，長久下來少數族群不僅流失自己的文化根源，也缺少對自己族群文化的認同與了解。然而培養多元文化觀是先進國家教育的趨勢，根據聯合國原住民族權利宣言第十四條指出：「原住民族有權建立和掌管他們的教育體系和機構，用自己的語言和適應其文化的教學方法，提供教育。」我國憲法增修條文第十條第十一項也指出「國家肯定多元文化，並積極維護發展原住民族語言及文化。」（https://law.moj.gov.tw/LawClass/LawAll.aspx?pcode=H0020037）

　　近年隨著國際上原住民族權利趨勢發展，激發了國內原住民族的覺醒，持續地爭取自身權利外，也影響國內對原住民族教育政策發展，包含了對原住民族的教育資源、制度、語言振興、民族教育、人才培育等資源挹注。（教育部、原住民族委員會，2015）臺灣的原住民族教育已推廣二十餘年，前人對原住民族教育的困境與發展作過不少研究，尚未完整的把原住民族教育與知識主體性落實在孩童教育與教材裡。教科書是重要的教育資源，教科書之良窳不僅影響教學成效，是教師在教學時的主要依據與素材，也對學生的認知、情意發展造成深遠影響。一般而言，人文社會學科比起自然學科的教材內容更容易存在各種族群偏見、刻板印象與歧視，但也相對有機會去統整各民族與族群文化內容的科目（張恩銘，2008）。若以現今教科書對原民文化的呈現來說，是相當不足的。對於早已離開原鄉部落到都市發展的原住民，熟悉自己的文化實屬不易，甚至會感到疏離，進而影響到文化的傳承，導致原民的文化與語言逐漸流失。部分原住民也因對自身文化認識不足，難以產生認同；對於其他非原民族群而言，很難透過現行教育去認識原住民的文化傳統，難免對少數族群存有刻板印象或偏見，對建立多元文化融合的社會十分不利。

　　臺灣原住民族目前有十六族，以屏東縣為例，三十三個鄉鎮中就有八個山地原住民鄉與一個平地原住民鄉，縣內原住民族以排灣族與魯凱族為主，

且縣內的排灣族占臺灣原住民族人口第二多,僅次於阿美族。近年屏東縣為推動多元族群的文化傳承並向下扎深,大力推動原住民本位教材,2014年成立原住民族課程發展中心(以下簡稱原課中心),並於2019年推出全國第一套以排灣族文化主體的原民本位教材,包含國語文、數學、自然和英語等領域教材,藉由教科書連結到學生的生活經驗與文化元素,尋回學習者的文化自信。

催生此套排灣本位教材的推手是時任泰武國小的伍麗華校長,2015年伍校長調動到地磨兒國小,地磨兒國小成為本套本位教材推動的學校基地,教科書在完成後會先以「試用本」在該校試用一年,透過該校教師與家長回饋後進行修正,並邀請相關專家進行教材審查(楊智穎,2021)。審視過去原住民族的教材發展,大多被視為某一「領域」的附加單元或彈性課程,而非以整體角度來看待之(呂枝益,2000)。此套排灣本位為主體之教材之編製施行,在臺灣教材史中別具意義。地磨兒國小是第一間採用排灣本位教科書的學校,筆者因參與屏東大學USR「朱雀先驅——屏東偏鄉三師共學」計畫,在與實踐場域之一的地磨兒國小合作時接觸到此套排灣本位國語教材,得以觀察學校對本位教材之教學設計與使用情形。基於上述緣由,本研究以屏東縣原課中心編製之排灣本位國語課本為研究對象,透過文本分析教材內容與編排設計,以及對選文內容、組織架構、課後練習、視覺效果等面向,探究教材是否能反映排灣族文化與語文學科素養的學習需求?也藉由地磨兒國小對此教材之使用,了解推動民族教育與本位國語教材面臨的問題,據以提出對本研究的啟示。

二 教材內容與組織編排特色

本研究根據屏東縣政府原課中心編製「國民小學國語文課本」進行文本分析,根據其教材內容、組織編排與視覺效果等探討此教材的特色與優缺點,本部分綜合排灣本位國語文領域教材內容,歸納出其特色。本研究發現重點如下:

（一）突顯排灣族的文化內涵，視覺設計有強烈原民色彩

本套國語教材為了建構原民文化知識之主體性，最大特點就是在課程中納入排灣族文化特性的主題，選文內容包含：神話傳說、歷史地理、價值倫理觀、祭祀禮俗、食衣住行與文化藝術等面向。

神話傳說是傳遞原民知識文化重要媒介，蘊藏先民的智慧與傳遞倫理價值觀。本套教材介紹了許多排灣族的神話傳說與圖騰文化，第一冊便有「太陽」與排灣三寶「百步蛇」、「陶壺」、「琉璃珠」與山林動物等。如排灣族自稱是太陽之子，太陽是排灣族的文化起源，第一冊第一課便以「太陽」為主題。如第三冊〈黑熊與雲豹〉講述雲豹與臺灣黑熊花色由來，熊與豹原本都有白毛，雲豹為自己塗上美麗的雲斑花紋，趁著熊睡著將其全身塗黑，故事趣味且富有想像力。跟飲食作物相關的神話傳說中，有第四冊〈神奇的Vaqu（小米）〉介紹小米的故事，從前只要一粒小米就能煮出一大鍋，有位懶惰婦人偷煮一大把，導致小米從房子滿出來，天神為懲罰人類，從此須辛勤工作才有很多收成。小米是排灣族重要的傳統主食，不僅從神話傳說角度來介紹小米，在其他課文中也說明其料理方式與文化意涵，傳達出飲食背後所蘊藏的生活方式與工藝，如第三冊第十二課〈熱呼呼的pinilaulj（湯圓）〉，以圖文方式介紹pinilaulj（湯圓）的製作步驟；第六冊第十三課〈誠意的味道〉則介紹Kinepel（吉拿富）的製作方法、材料，先使用糯米粉把內餡包起來，裹以香蕉葉與假酸漿葉，接著再用月桃繩綁起來，說明Kinepel是道手續繁複的料理，也反映原民對自然界植物的運用與飲食文化。

祭祀禮俗能反映不同族群的宗教倫理觀與社會組織，本套本位國語教材有不少介紹排灣族祭祀禮俗的篇章，如第三冊第十一課〈祈雨祭〉說明祈雨祭進行方式與過程，由祭司帶領男性族人參與，及祭典過程中的祝禱詞與Pasurit等器具。第六冊第九課的〈Masalut〉介紹Masalut（收穫祭），Masalut在排灣語意謂著「過一個年、跨越」之意，闡述該祭典的儀式進行及對族人的意義；第九冊第六課〈穿梭人與靈之間〉講述排灣族的巫師文化；第九冊第十課〈華麗的離開〉講述過去排灣族的喪禮習俗與部落互助情誼。

反映倫理價值觀與土地連結的單元，有第四冊第十三課〈貪心的獵人〉、第六冊第十三課〈山林遊學去〉、第九冊第十課〈會走路的樹〉等，課文內容闡述尊重大自然與山林共存的智慧，也有土地開發與環境保護如何平衡的討論；在傳統技藝與文化部分，第三冊第七課〈穿上VuVu的祝福〉介紹排灣族的織繡技術與圖紋，以及母親為子女製作服飾的意義，第四冊第二課〈kakaci〉帶領我們認識排灣族的樂器，第四冊第八課〈愛的禮物〉則介紹編織藝術——laikuan，綁在成年女孩頭髮上的羽飾。除了上述課程，其他課文亦有不少突顯原民手工藝、技能單元，對傳承排灣族的倫理精神與文化技藝都扮演重要意義。

　　此外，本套教材除了選文豐富、體裁多元，文字內容反映排灣族的文化特色，整體視覺設計與圖片也大量採用原民文化、圖騰、色塊，如課本中的太陽、陶壺、百步蛇、自然界圖紋等，在在展現出排灣族的文化特點。課本也通過器物如衣飾、家屋、木雕、編織、器物等圖片，傳遞出原民文化的生命智慧與美感經驗，讓人了解原民的藝術文化與工藝，留下深刻鮮明的視覺印象，加上文字圖片的搭配，進一步達到相得益彰的效能。是以，本套教材不管是在文字內容或是視覺設計上，都符合原民文化的內涵與特質，具有鮮明的排灣文化特性，達到高度協調的統一性。

（二）符合兒童文學要素，兼顧認知、情意、技能目標

　　本套排灣本位國語教材內容包羅萬象，在編排上以兒童作為設計基礎，通過兒童的眼睛去看待這世界，課本中安排不同的角色人物，幫這些人物取名、設定形象，通過這些角色串連起不同的主題單元，使孩童就像在看故事書一樣。由於教材一到六冊皆以孩童文化情境出發，將神話傳說與各式體裁改編成寓教於樂的文章，十分符合兒童文學的要素。

　　林文寶（1994）提到「兒童文學」須具備「兒童性」、「文學性」、「遊戲性」、「教育性」等特性，本套本位國語教材以兒童視角出發，書中也運用了原民的神話傳說元素，文體涵蓋了散文、新詩、劇本、口傳文學、新聞報

導、外國文學、原民作家文學作品等，然而不論是神話傳說、報導文學或改編作品，未必都適合兒童閱讀，本套教材透過專業人員重新編寫，通過轉譯的工作，使教材內容轉化成適合兒童閱讀的篇章，並設計出許多生動的教學活動與文化增能單元，充分具備「兒童文學」中的「兒童性」、「文學性」、「遊戲性」、「教育性」特性。

　　本套教材在編排上遵循由淺入深、由近而遠的原則，符合兒童認知發展的取向，在低年級教材中從認識自身文化為出發，以循序漸進的方式往外探索世界，中、高年級課程則穿插華人地區與外國的文化知識，如三下第六冊第八課有〈華特‧迪士尼的夢想〉介紹美國名人華特‧迪士尼故事；第十課有〈四處旅行的lima〉則以同源詞「lima」為例，解釋在臺灣阿美語、排灣語與魯凱族語言中，數字「五」被稱作「lima」，某些族群把「lima」延伸為「手」的意思。透過「lima」這一個詞彙擴張延伸到其他南島語系族群，推測出過去與現在使用這些語言的族群的起源、遷徙與分布；另有搭配中國歷史名人事蹟，如十一冊第四課有〈周瑜打黃蓋〉的課文，第十二冊第四課〈名人軼事〉則有蘇軾，亦有卓別林等人的故事。課文內容除了有在地文化的介紹，亦有原住民議題與國際觀的高度展現，如高年級課本中便有多元族群、環境保育及人權議題等批判性文章，除了反映原住民族對自身權益的爭取、歷史文化與正名活動，也提到世界上其他少數族群與南島語系等。

　　其次，在課後練習與活動設計部分，教材內容除了有記憶性的知識學習，如引導寫作、聽說讀寫、閱讀指引、族語教學外，也安排許多文化增能活動，符合了情意與技能等目標，如歌謠教唱、認識原民樂器、陶甕、編織技藝、飲食製作等文化課程，如能教導孩童認識自身的文化特色外，對原民文化的工藝、技能之傳承頗具有意義。

　　不論是介紹自身或其他族群的文化，抑或是記憶性的知識性單元，本套教科書以深入淺出的筆法設計出合適的內容，加上課文內容及圖片視覺效果相互搭配，也設計出理解性的文化活動，整體在組織編排與架構上都符合周延性與統整性原則，兼具認知、情意、技能等學習目標。

三　排灣本位國語文教材之綜合評析與反思

（一）課後練習以知識性、記憶性居多，建議可與理解性活動取得平衡

　　屏東縣出版的國語文排灣本位教科書內容豐富，課文選文規劃出不同的主題性，教學活動策略十分多元，每一課都搭配了問題討論、課後練習，有聽、說、讀、寫的練習外，也有引導寫作、延伸閱讀等活動。除了有課後練習，每一冊也安排統整活動與文化增能活動。尤其是文化增能單元中，融入了原住民繪畫、木雕、音樂、歌謠、舞蹈、文化采風……等內涵，內容豐富且多元，藉此讓學生在學習裡了解文化禮儀、熱愛文化，影響學生的多元創作。

　　然而美中不足的是，課後練習以知識性、記憶性學習活動居多，遠超出理解性的學習活動，且課後記憶性與統整活動之單元過多，部分內容頗為艱深，例如：二年級上學期第四課〈木頭會說話〉的課後練習單元，有「我會寫字」、「讀一讀」、「比一比」、「象形文字介紹」、「猜猜看」與「統整活動」，「統整活動」中更安排（一）查字典、（二）認識部首等單元，對於二年級的孩童而言，本單元除了須理解中國文字構造理論的象形文字，還得認識不同的部首，並練習如何查字典，這對生字量不多的二年級孩童而言過於艱澀。

　　又如三年級下學期第七課〈山林遊學趣〉的練習單元，有「我會寫字」、「我會認字」、「填空（字音、字詞）」、「我會讀」、「填空（注音）」、「我會造句」，後接「統整活動2」的「寫作指導——寫『物』的方法」、「閱讀指導——課文大意、段落大意」、「認識告示」等單元。〈山林遊學趣〉描寫小朋友校外教學參訪舊部落與山川琉璃大橋，沿途認識山林植物，進而與土地產生連結，因此在「統整活動」安排「寫作指導——寫『物』的方法」、「認識告示牌」等單元，只不過課後單元過多，除了有字音、字形的填空，還有寫作指導——物體靜態與動態的描寫，以及找出課文的段落大意，再統整成

課文大意,最後更有認識告示牌的資訊,教學目標太過繁多,恐會造成學生學習上的負擔,建議可以再精簡一兩個單元。

其次,十二年國教為落實新課綱的理念,培養學生具備核心素養與「帶著走的能力」。本套排灣本位國語文教材內容活潑有趣,課本中穿插許多「生活知能」與文化涵養的單元,以地磨兒國小為例,學校每週安排「民族教育」或「彈性課程」進行文化增能活動,與國語文課程相互搭配、呼應,不失為良方。建議未來可以和其他學科領域進行整合,由不同領域課程造成加乘效果外,以多元評量取代紙筆測驗與知識性活動,藉此培養學生跨領域、跨學科之能力。

(二)發展相關輔助教材、教具,設置數位教材與網路學習平臺

長久以來臺灣小學教科書很長一段時間以「漢族中心」為主軸,觀點上也較為狹隘(譚光鼎,2008)。歐用生(1990)、陳枝烈(1995)等人研究指出,1990年後教科書對原民族群的偏見內容逐漸減少,然而在學校教學與教材設計上,相關課程內容仍有側重,以族語教學、舞蹈、歌謠、木雕、文化技藝為主,學生學習到的文化內涵較為片斷,並不夠全面(陳枝烈,2012)。幸賴2014年十一月通過《學校型態實驗教育實施條例》,成立許多原住民族實驗學校,這些實驗學校透過相關課程方案之發展實施,使以原住民族為主體的課程得以在學校教育中落實(楊智穎,2021)。屏東縣地磨兒國小成立於1909年,時值日據時期,日本政府創立三地門社教育所,本為山地原住民小學,學生多數為排灣族、部分為魯凱族與其他族群。1945年臺灣光復後,三地門社教育所由國民政府接收,1946年更名為高雄縣三地國民學校,期間歷經行政區的劃分,2015年正名為屏東縣三地門鄉地磨兒國民小學。2014年屏東縣啟動排灣族本位教材課程計畫,伍麗華校長以地磨兒國小作為教材發展與施行基地,一〇五學年度地磨兒國小成為民族實驗小學,實施課程教材自編,將排灣族本位主義結合國語、數學、自然和英語等學科領域,落實在學校課程發展中。楊智穎(2021)研究指出,此套排灣本位教材

之發展是由下往上，是以地方層級的課程機構作為教材發展基地，並非傳統由上往下或專家學者所主導之教科書編纂，此一教材發展模式和過去有很大差異，地磨兒國小實施民族本位課程的發展經驗，可作為未來其他族群發展本位教材的參考。

自2000年教育部訂定發布「國民小學與國民中學教科圖書審定辦法」，規定教科書全面開放由民間出版業者編輯，將審定事宜委託國立編譯館辦理，便進入教科書出版商自由競爭時期。教科書市場開放讓學校有多方面的選擇，不少出版業者挾帶完整行政組織與資金、資源，投入了教科書市場，研發出整套的教材、教具與配套週邊商品。2002年公平會發現，康軒、育橋（屬於康軒文教機構）及南一等三家廠商，國小學科教科書特定市場占有率達四分之三以上。周伶娟（2009）提到康軒、南一、翰林的教科書占了市場百分之八十，這些國內教科書大廠，除了聘請專者專家審查或具有聲望人員來共同編輯教科書，也規劃並發展出完善豐富的補充教材、教具與相關商品，如教師手冊、評量習作、測驗卷、參考書與數位影音等，豐富多元的補充教材、教具也影響到教師使用該版本教科書的意願。

出版商除了發展平面教材，有聲教材、多媒體教材現今亦十分普及，出版社都附有完善輔助教材以利老師教學，也提供給學生課後複習。自多媒體（Multimedia）問世，使視訊、語音、音效、文字資料皆可經由一個多媒體系統，輕鬆的展現出來，多媒體系統憑藉巨大儲存容量與延伸出去的超連結，能提供龐大且多元的知識環境，創造良好學習環境，因而在教學上普獲青睞（戴維揚，1999）。更重要的是，此套排灣本位國語教材許多單元涉及無形文化資產、口傳文學，如歌謠、音樂、族語、舞蹈、文化技藝、傳說故事等，都可以透過多媒體方式記錄下聲音與影像，不僅為部落耆老與文化采風留下珍貴的影像記錄，也能保存逐漸流失的文化傳統。

其次，電腦多媒體也可激發學習者的動機，以教導族語或傳說故事為例，可以設計成3D動畫，配合文字、影音模擬出人物、動物，呈現出原民的圖騰文化，通過活潑生動的內容，使學生在寓教於樂的情境下學習。推動並發展數位教材，透過周全設計涵蓋了課文內容、延伸教材、參考資料，也

有測驗題庫、多元評量與遊戲動畫，學生可以根據本身的能力與時間，自由選擇學習、測驗或遊戲，增加自主學習的能力，因此從使用者的觀點來看，多媒體影音與數位教材愈來愈受到學生、家長、及老師的喜愛。

再者，國內外受新冠疫情影響，數位學習更顯重要，許多教育機構更改採遠距教學，如何設計出豐富完善的網路資源與數位教材，妥善建置數位學習平臺，將科技資源導入偏鄉小學，在遠距情況下完成學習任務，使教學品質不受時空限制與疫情影響，是一項重要且刻不容緩的課題。

伍麗華提到最早發展在排灣本位教材時，原本希望授課教師能依照教學情境自編原民教材，然考量多數教師仍缺乏自編教材的能量，才透過教材的編纂發展，提供教師在進行教學實施時使用（伍麗華，2021）。最初發展本套排灣本位教材時，受限於時程的緊迫及人力、經費等因素，原本是以紙本教材為主，電子書是後來才加入的，並未規劃其他輔助教具、數位教材與網路學習平臺。目前電子書僅供地磨兒國小師生使用，並未公開下載使用。隨著科技的日新月異與疫情影響，數位教材與網路學習平臺已成為新型態的教學工具，遠距教學與數位學習教材成為民族教育的重要方式，因此，建議政府單位與民間出版商可建立合作關係，或加強政府、國小端與出版商三者間的聯繫，透過使用者的經驗回饋，借鑑地磨兒國小實施本位教材之現場教學經驗，共同開發設計出符合合適的輔助教材、教具與數位平臺，如教師手冊、學習評量、自學手冊、教案設計、數位教材與平臺……等。除了可減輕研發者編製教材之辛勞，也可緩解教師的備課負擔，增加其他學校使用該套排灣本位教材的意願。

（三）建立學生追蹤機制，觀察十二年課綱銜接情形

聯合國原住民族權利宣言第十四條指出：「原住民，特別是原住民兒童，有權不受歧視地獲得國家提供的各種程度和各種類別的教育。各國應與原住民族共同採取有效措施，讓原住民，特別是原住民兒童，包括生活在原住民社區外的原住民，在可能的情況下享受用自己的語言提供的原住民文化

教育。」國際上有愈來愈多以原住民自身語言文化作為教育模式的案例，屏東縣原課中心所出版的排灣本位教材與國際趨勢接軌，今年是第一屆採用屏東排灣本位教材之孩童自國小畢業，未來可持續追蹤孩童升上國中之學習情形。本套國小排灣本位教材研發之際，十二年國教課綱尚未施行，雖然本套教材在編纂後都有請專家學者進行審定，並請地磨兒小學在試用後提出回饋，持續地滾動式修正，但透過對孩童後續之追蹤與觀察，有助於研究者對民族本位教育融入學校課程發展能有深刻了解，因此，建議孩童在國小畢業後，每年持續透過問卷或訪談方式進行調查，相信對未來其他族群研發民族本位教材能提供更有效的參考值。

　　誠然屏東縣原住民課程發展中心在推動排灣本位教材之初，為了消弭家長的疑慮，考慮到學生日後所面臨的學科能力測驗，因此原課中心除了增加教材的競爭力外，並隨順十二年國教課綱的公布，使教材跟著新課綱之能力指標進行滾動性修正。（楊智穎，2021）但根據現行課綱內有關原住民族教育的劃分，大多是放置於社會科的領域，最有關聯者應屬核心素養之C條目「社會參與」：具備自我文化不同的信念，並尊重與欣賞多元文化，積極關心全球議題及國際情勢，且能順應時代脈動與社會需要，發展國際理解、多元文化價值觀與世界和平的胸懷。（教育部，2018）國語文的部分依然是以漢族文化為中心。在108學年度上路的十二年國教新課綱教材選文建議中，國中、高中階段以漢族、中華文化為主流，以國民中學國文課本為例，文體包含古今散文、古典詩詞曲（含本土素材）、文化經典選讀與語文基礎常識等，且文言文所占比例逐年增加，第七學年10%-20%、第八學年20%-30%、第九學年25%-35%；高中端的文言文除了有中華文化基本教材外，其課數比率須平均35%至45%，每冊都應選至少一課的文化經典，文言文選文則須兼顧不同時代、不同作者與不同文類為原則。

　　雖然十二年國教新課綱的國文科，對文言文選文的規定須符合多元文化觀點，維護民族尊嚴，並納入原住民各族歷史文化和價值觀（高級中等以下學校課程審議會資訊公開平臺課審會審議大會106學年度第9、10、11、12次會議記錄）。但綜觀原民民族教育在十二年國教的框架下，國、高中階段之

國語文學習仍是以漢族文化為主流文化,如何在讓原住民族追求民族教育,延續自身語言、文化的傳承之外,並依照各民族需求訂定相應之課程綱要,且與主流教育相容並蓄,或在國文教育中容納更多原民文化知識的,才能有效落實民族教育問題,回歸到國家教育目標的本質。

四 結論與建議

　　教科書是重要的教育資源,亦是教師的主要教學依據,也對學生有著深遠影響。本研究透過對屏東排灣本位國語文教材進行文本的探究,提供我們重新對民族本位課程或教材發展有更深層的理解。從本研究可發現,本套排灣本位國語文教材的產生具有特殊意義,不僅取材生活化,以中文撰寫穿插族語,選文多元廣泛,有神話傳說、禮俗祭典、文化工藝、原民文學、倫理價值、歷史地理,除了兼顧排灣族的文化內涵,亦有改編原民作家作品而來,文體涵蓋散文、新詩、劇本、新聞報導等,更有原民議題與法案討論,在中高年級課本中有多元族群、南島語系、環境保護及人權議題討論,具有高度的國際觀。

　　其次,教材以兒童為設計中心,文本從孩童的觀點出發,每學期課本前面都有串場人物,貫串起不同的主題單元課文。編排架構符合兒童認知發展的取向,遵循由淺入深、由近而遠的原則,盡量把神話傳說或祖先智慧以故事性的手法展現出來。在介紹文化工藝的部分,課本透過圖文搭配方式展示其手法、步驟,呈現出原民的技藝特殊性與生活智慧,也傳承了原住民文化資產的文化藝術。在國語文教材的課後練習單元,也有不少文化增能單元,以地磨兒國小為例,則搭配每週的民族教育課程、彈性課程相互呼應,也能解決課程節數不足的問題。此外,每一冊都附有生字統整表,不管是識字量、文體都符合十二年國教課綱之規定。美中不足的是課後練習以知識性、記憶性的學習活動居多,遠超出理解性的學習活動,有比例失衡的現象,由於十二年國教講求應培養核心素養與「帶著走」的能力,是否需要這麼多記憶性的練習評量,則有待思考。由此可知,本套民族本位國語文教材不僅反

映了排灣族文化內涵，編排上符合兒童認知發展與語文學科素養的學習需求，兼具了情意認知、知識建構與批判思考，並傳遞族群的歷史記憶與禮俗、技藝，能讓學生了解族群文化、熱愛文化，影響其生命審美觀。

然推動本套排灣本位國語文教材之初，十二年國教課綱尚未公布，目前國中、高中端的國語文教材內容仍以漢族、中華文化為主流。2021年恰好是第一屆採用屏東排灣本位教材之孩童自國小畢業，對於十二年國教新課綱如何傳遞民族教育與原住民知識，如何協助學生在民族本位教材與十二年國教科課綱取得平衡？以及使用民族本位教材之學生如何銜接學習國、高中的課程，並且將其全部整合，都是後續研究者可多加注意的議題。

參考文獻

教育部、原住民族委員會（2015）。發展原住民族教育五年中程計畫（105年至109年）。臺北市：作者。

歐用生（1990）。我國國民小學社會科「潛在課程」分析。國立臺灣師範大學教育研究所博士論文。臺北市，未出版。

陳枝烈（1995）。排灣族文化之田野研究及其對國小社會科課程設計之啟示。國立高雄師範大學教育學系博士論文。高雄市，未出版。

楊智穎（2021）。屏東排灣本位教材發展歷程之研究。臺灣教育社會學學會、國立屏東大學教學資源中心（主辦），「在地公民（local citizen）的挑戰與培力」論壇暨屏東大學教師社群「地方學理論基礎」讀書會。屏東市：國立屏東大學。

林文寶（1994）。兒童文學。臺北縣：國立空中大學。

張恩銘（2008）。現行國民小學社會學習領域教科書中關於原住民內容之研究（未出版之碩士論文）。臺北市：國立臺灣師範大學。

呂枝益（2000）。國小社會科教科書中原住民內涵之分析研究（未出版之碩士論文）。臺北市：國立臺灣師範大學。

譚光鼎（2008）。被扭曲的他者：教科書中原住民偏見的檢討。課程與教學，11(4)，27-49。

伍麗華（2021）。我與屏東排灣本位教材發展的故事。國立屏東大學USR計畫（主辦），原住民偏鄉USR暨教材研發三師共學成果發表。屏東市：國立屏東大學。

周伶娟（2009）。臺灣教科書之市場失靈──教科書共同供應制度之檢討與建議（未出版之碩士論文）。新竹市：國立交通大學管理學院。

戴維揚（1999）。如何選擇多媒體兒童英語教材。國小英語科教材教法（頁325-334）。臺北市：文鶴。

實務篇

地磨兒e點就通
——屏東偏鄉三師共學與地磨兒國小

唐世勇
地磨兒民族實驗小學主任

一　緣起

　　地磨兒國小（以下簡稱本校）創校已有百餘年的歷史，位於屏東縣三地門鄉，是一所偏鄉的原住民學校，學校本部位於三地門鄉主要部落地區，另有德文分校位於德文村山區，二個校區各設有六班，合計共有十二班，一百五十三名學生，多數學生為排灣族，部分為魯凱族及其他族群。

　　為了守護及延續祖先的智慧，讓學生認識及傳承自身的文化，一〇五學年成為「排灣族民族實驗小學」，致力於民族文化教育的推動，同時使用全臺唯一以民族為本位的學習領域教材。

　　本校的教育願景為「扎根文化、壺孕七力、邁向國際」，盼以部落文化作為孕育的土壤，培養孩子多元的能力，展現自我、發揚文化，以部落傳統文化作為眺望國際的基地，在一〇八學年時，本校以此熱忱欲振雙翅鼓動原住民偏鄉教育新頁之時，屏東大學（以下簡稱屏大）以「朱雀先驅計畫」，注入本校活潑生動的「三師共學模式」，開創大學端與地方國小端合作的新契機，讓現職教師、師培生，以及師培機構的大學教師能有共同合作學習的機會，藉此不但活化了本校的教學，同時也提升了學生學習的效益。

二　執行歷程與策略

（一）願景共構

　　三師共學計畫於一〇八學年二月二十七日第一次研商會議，計畫案媒合了本校數位共學資源，該資源主要是運用網路媒介跨越城鄉空間障礙，以陪伴及學習為基礎實施線上教學，一〇八學年三月二十五日本校參與贈牌儀式，確立與屏大在該計畫案的合作關係，隨後便展開多次校內與院校間的研商與討論。

　　適值電腦多媒體科技學習平臺日益發達時期，國內已有多個網路資訊科技教育平臺，其中「因材網」由教育部委託臺中教育大學研發建置，含括數學、自然與國語文領域，為屏東縣府積極推動使用於學校教學，本校校內討論中也多有老師提議，以「因材網應用於教學」作為本次計畫合作的方向，不但符應目前教育政策及趨勢，同時還能提升本校現職教師網路資訊科技應用於教學的能力，豐富教學層面，促進學生學習。

　　屏大負責主導與本校合作案的楊志強老師表示，院校合作初期，計畫案以如何利用所配得的資源，盡可能提供學校教學端所需的協助，所以贊同了以「因材網應用於教學」作為合作的方向。

　　達成共識後，地小與屏大在這條「地屏線」上共築願景，希望透過網路資訊科技的教學平臺——因材網，與屏大一同強化e化教學之路，讓地小學習評量診斷更精確、教師教學個別化更適切、學生自主學習更熱切，使每個孩子的學習都能e點就通。

（二）執行策略

　　在新課綱高喊著「成就每一個孩子」的口號下，教學現場差異化教學的策略也就備受重視，教師應針對同一班級不同程度、學習需求、學習方式，以及學習興趣的學生提供多元的學習輔導方案，以顧及到每個孩子的學習成效。

然若能提供教師相關適性教學平臺——因材網，作為輔助，相信必能減輕教師差異化教學的負擔，提升教師適性教學成效。

不過因材網的實施條件，除了教師應具備適性教學素養及相關的應用知能外，學校資訊設備也必須要充足，有幸在前瞻計畫、實驗教育設備充實計畫等方案的推展之下，使得本校每位學生都能配有一臺平板，且每班都有一臺六十五吋大電視、一臺七十五吋觸控式智慧型大電視，以及無線網路分享器。設備均齊全、全校師生因材網帳號也在本校教務處的努力下建置並設定完畢，使本計畫策略的執行便無後顧之憂。

一○八學年四月二十三日地小與屏大在「地屏線」上共築的願景邁出了重要的一步，屏大教學團隊一行共五人，包含主導的楊志強老師和四位師培生，第一次正式入班執行本計畫，初期以三到六年級全班學生作為實施對象，一班一師培生協同，並以數學領域作為應用科目。

師培生以實際操作方式，指導學生使用因材網，班級導師則協助進行操作並配合指導師培生使用系統和針對小學生學習特質提出相關建議及分享實務經驗，經過多次操作後，本校師生及師培生都能逐漸熟悉因材網界面，教學者亦開始將平臺教學資源如教學影片、試題融合並應用於教學之中。

因材網教學平臺結合多媒體數位資源，旨在培養學生多元及自主導向的學習，教學的流程大致上是，學生以老師在平臺所指派的教學影片作課前自學，老師再針對學生課前自學的情形予以指導，並透過小組討論分享的方式，深化學習內容，最後老師將學習重點歸納整理給學生，並在教學平臺上派任務給學生做複習。

經過幾個禮拜的實施，導師紛紛表示使用狀況相當良好，學生對於能夠了解並自主掌握自己的學習進度感到非常興奮，尤其因材網以知識結構理論作為編制的基礎，讓導師能更精準的抓出學生做題時的迷思概念，並給予指導，另外導師將因材網積點的功能結合到本校榮譽之星制度的做法，更是起到了正向鼓勵的作用。初期有了不錯的成效後，本計畫便進一步透過因材網輔導各班學習較為落後的學生三至五名。

師培生透過因材網了解學生學習的知識節點及其迷思概念後，一邊派發

任務給學生，一邊引導學生完成一次次的學習，讓學生能夠逐步達成所訂定的目標，除此之外，師培生每週會分析出學生在因材網學習的情形，提交給班導師作為現場輔導教學的參考。

　　計畫執行期間，三師（現職教師、師培生，以及師培機構之大學教師）每學期有四次的機會進行面對面研討，期間師培生孩還會親訪所指導的學生，實際的了解學生使用的狀況，並做進一步調整。

　　在遠端部分是由師培生透過因材網任務指派及答題分析進行陪伴，導師藉由LINE社群與師培生討論；在校園內則再依討論結果給予小學生適切的指導，每兩週師培大學端會整理出每個班級的線上任務週誌，記錄學生們的學習情況並反思自己的任務指派是否合宜，最後再以書面方式傳送到地小行政端再轉交給各班導師，讓地小行政端也能知道並了解計畫執行情況，整個計畫在地小行政端與屏大指導教師的合作下維持平穩的運作，讓整個計畫策略能一一的落實，計畫願景也得以逐步成就。

（三）困境突破

1　學生對於因材網的操作熟悉度不同

　　學生不但在學科學習上有差異，對於因材網操作的熟悉度也有不同，這落差不但出現在不同年級上，也出現在同一班級內，這關係到學生使用的流暢度及評量的精準度，學習效益也會因此受到影響。針對此，老師特別在各小組安排了小老師就近給予及時的指導，若遇到較難解決的問題，則由老師甚至是資訊老師協助處理。

2　學校活動影響

　　如果遇到學校或班級有重要活動，如：校慶、課程成果展、畢業系列活動，或該班3P作業展（寒、暑假自主多元作業展覽）等，被指定必須完成因材網額外指定作業的孩子，可能會忽略了上網完成任務，導致該班師培老師無法進行學習情況分析。

特別是後來在定期的三師會議中，決定除了該班導師要協助提醒外，地小行政端也會幫忙留意學生任務完成的情形，並且學校的活動也盡量精簡，以降低對班級教學活動的干擾。但一〇九學年度下學期，六年級仍因畢業系列活動辦理的關係，經三師定期會議決議，暫停本計畫於該班實施。

3 彙整單無法及時交到教師手中

起初師培生提供「各班學習較落後生學習分析表」給該班導師時，是以紙本寄送至地小，再由地小行政端分送給各班導師參閱並簽名，但這種紙本寄送方式的時效性較差，導師無法及時參閱師培生的建議做有效的指導，另一方面因新冠肺炎疫情肆虐全臺，為顧及防疫措施，便改以線上檢閱並署名的方式，讓師培生的分析表能第一時間提供給地小行政端及導師。

三 特色與創新

（一）學習E點就通

本計畫以因材網教學平臺應用於教學為方向，藉由師培生派發任務，再分析並彙整學生作答情形資料，用以提供現職教師輔導學生的教學建議，地小與屏大行政端則提供後援，讓本計畫策略得以運行無礙。

計畫執行過程中，充分運用科技協助，以因材網教學平臺所提供的數位多媒體教學資源，配合LINE群組的溝通，達成數位化的教學媒體「E」點學生學習困境，以暢通其學習之路。

（二）網上E同陪伴

「老師！今天有網路老師派發的題目嗎？」學生關心著網路另一端陪伴著自己學習的老師所派發的作業。

現今資訊科技發達，透過網路連線，人與人之間的溝通和互動幾乎已不

再有距離,師培生在網路彼端派發題目,學生在網路另外一端隨即作答,雖不是面對面,但透過網路,師培生在另一端用心的陪伴,學生仍舊感受得到。

(三) 三師E起共好

三師透過因材網教學平臺的應用,提升學生的學習效益,期間不但有網路教學平臺操作、教學理論應用、教師經驗分享、分析資料參考等,還有多次的對話與討論,每一次共識的達成與理念的實踐,都使得三師在個人教學的能力上提升了不少。

四 成果與效益

(一) 學生自主學習樂意,學科能力提升學習成績有益

地小從一〇八學年參與本計畫至今,已跨過兩個學年度,將邁入第三個學年度,學生從因材網的學習體驗到自主學習的樂趣,掌握自己在學習上逐步的成長,因此獲得了不少的學習成就,由下表一:「109年05月至109年12月數學科進步率」中可得知,學習落後的學生在這段學習其間有顯著進步。

表一　109年05月至109年12月數學科進步率

年　級	進步人數	受輔學生人數	進步率
三年級	7	12	58.33%
四年級	6	4	85.71%
五年級	3	3	100%
六年級	9	9	100%

資料來源:國民小學及國民中學學生學習扶助科技化評量進步率資料

三至六年級均有超過一半以上的學生進步,五、六年級進步率更是高達100%。

另外由下表二：「109年5月與110年5月篩選測驗未通過率比較情形」中可得知，從班級整體來看，學生在數學的學習上有顯著的成長。

表二　109年5月與110年5月數學科篩選測驗未通過率比較情形

2020年5月	年　　級	三年級	四年級	五年級	六年級
	未通過率	31.82%	19.05%	38.1%	75%
2021年5月	年　　級	四年級	五年級	六年級	
	未通過率	14.29%	14.29%	50%	
比較情形		降低17.53%	降低4.76%	升高11.9%	

資料來源：國民小學及國民中學學生學習扶助科技化評量篩選測驗資料

　　一〇九學年五月三年級的學習扶助科技化評量篩選測驗未通過率為31.82%，該班經本計畫執行一年後，一一〇學年五月升上四年級的學習扶助科技化評量未通過率為14.29%，較去年降低了17.53%。

　　一〇九學年五月四年級的學習扶助科技化評量篩選測驗未通過率為19.05%，該班經本計畫執行一年後，一一〇學年五月升上五年級的學習扶助科技化評量未通過率為14.29%，較去年降低了4.76%。

　　一〇九學年五月五年級的學習扶助科技化評量篩選測驗未通過率為38.1%，該班經本計畫執行一年後，一一〇學年五月升上六年級的學習扶助科技化評量未通過率為50%，較去年升高了11.9%。

　　兩個年度四個班級，除一〇九學年五月的六年級，在一一〇學年五月升到國中後，未能取得其篩選測驗未通過率數據，其他一〇九學年五月的三到五年級均有篩選測驗未通過率的數據呈現。

　　經本計畫執行一年後，一一〇學年五月的學習扶助科技化評量篩選測驗未通過率結果顯示，四到五年級數據均有下降，顯見這兩班在整體上，數學科的學習有進步，但六年級的數據卻有微幅升高，這或許和六年級數學科難度較高，以及一〇九學年度下學期停止本計畫有關。

(二)師教學同夥共進，資訊科技融入教學能力增進

每兩週學習分析的參閱與交流，每學期四次的討論與研商，三師在本計畫中以協助發展學生自主學習能力為中心，應用因材網齊心為提升學生學習效益而努力，最後，在同夥共進的過程中，不但增進了學生數學科的學習成效，在小學端也加強了現職教師資訊科技融入教學的能力，達成原有目標。

五 結語

朱雀乃為本計畫意象圖，其羽毛的呈現是亮點，一片疊著一片似是相依相惜、環環相扣，代表著教師對學生的教育是長期永續的。本計畫以數位共學的方式，透過網路資訊科技的教學平臺——因材網，使屏大教師、師培生，以及地小現職教師得以跨越城鄉空間障礙，共同合作，改善偏鄉學習弱勢的情形。

疼惜的心，讓老師更靠近學生學習的實況；關切的情，讓老師更願意努力改善學生學習的困境，本次計畫的每一份疼惜、關切，都是地小與屏大一路攜手「地屏線」上共築願景的力量，而這份力量在此次透過數位共學的方式，「E」點學生學習困境，讓學生的學習更加暢通。

由此，我們理解到，「教育愛」是朱雀羽毛間相依相惜的溫度，更是牠展翅時能實際帶給人的溫暖和力量。

大學社會責任與教學創新
——以PBL導入小學原住民國語課程教案設計

張鳳玲

逢甲大學國語文教學中心兼任助理教授

一　緣起

　　問題導向學習模式（Problem-Based Learning，簡稱PBL）為目前大學端常見之學習法。不僅是醫學相關科系，近幾年在第二語言教學亦盛行。我曾於大學的華語教學現場使用PBL，學生程度在A1-B1之間，相當於具備五百至二千五百字的中文詞彙量。至於小學生的識字量，分別為小一：七百字、小二：一千二百字、小三：二千一百字、小四：二千六百字、小五：三千一百字、小六：三千三百字（王瓊珠等，2008）。一般而言，本國籍小學生的詞彙量在四年級時，就已超過程度B1的外國籍學生。語言文字是人際溝通與認識世界的媒介，雖然第二語言教學與母語教學有差別，學習者的心態與先備知識亦不同，但在學習本質上卻無差異。因此，PBL既能使用於華語教學，小學高年級教學現場或許也可一試。

　　Coyle於2005年提出4Cs課程設計，即以知識內涵（Content），提升溝通傳遞（Communication）、認知發展（Cognition），以及文化內涵（Culture）的能力。第二外語教學著重「內容」與「語言」並重，而母語教學又何嘗不是？一〇八學年度課綱旨揭培養學生「語言溝通」與「理性思辨」的知能，奠定「終身學習」的基礎。又教育部所訂定之「國語文核心素養」，須從語文能力的培育、內涵文學與文化素質，培養學生表情達意、解決問題與反省思辨的能力。均一師資培育中心執行長藍偉瑩表示，過去的知識因新的教學

目標而被重新定位，學習方式與目的也連帶產生了兩個轉變，其一即是：透過真實情境，創造探究過去的知識歷程，讓學生能夠建構新的概念，進一步學到面對現象所需的能力與態度（藍偉瑩，2019）。以議題導向的教學法與學習法，是當前知識爆炸下的產物，而設計能夠使學生探索並反思的擬真情境與脈絡，正是當今教師的首要任務。

綜上所述，本篇教案設計欲藉由情境故事的事實性知識，引導小學生思考真實世界的問題。其次，為落實大學社會責任（USR），使高等教育能與在地連結，推動產業創新，並關懷社會，本教案將以屏東縣政府出版、屏東縣原住民課程發展中心編輯之國民小學高年級國語課本為範例。

二　PBL學習法之教學設計與步驟

本文使用之PBL為Problem-Based Learning，未使用Project-Based Learning的原因在於：Problem-Based Learning是讓學習者能在短期時間內，透過解決擬真的難題獲得相關知識；而Project-Based Learning是教師設計一個有組織、有結構且複雜的專題，學習者透過長週期時間的學習活動，產生一個具體成品以回應驅動問題（driving question）（陳毓凱、洪振方，2007）。此外，根據皮亞傑（Jean Paul Piaget）提出之「認知發展論」，中高年級小學生屬於「具體運思期」，可針對具體存在的事物進行合乎邏輯的思考，但未必能夠達到「形式運思期」的系統性思考。職是之故，因Problem-Based Learning之整體過程較為單純，學生只需習得知識並解決問題，課程目標即可完成（張民杰，2018），故Problem-Based Learning學習法較適合小學生。

本教案設計之適用對象為國小五年級學生，使用教材為屏東縣政府出版、屏東縣原住民課程發展中心編輯之國民小學第十冊國語課本，文本採用第七課〈我的名字〉。該篇改寫自潘世珍《我們塔伊達家》，全文約一千字左右，提及數個排灣族的名字及蘊含之意義，如Saivi代表溫柔又堅強、Nanu是堅強有毅力、Ljaisin象徵強韌的生命力、伊將是有耐心與毅力，以及Seya為少見與特別等，是一篇具有濃厚原民文化的作品，有助於在地文化之推動。

在現代，多數民族的名字為家族長輩對孩子的愛與祝福，也是送給孩子的第一個禮物，對排灣族人而言，更具有傳承部落與家族的精神。故本課程的教學目標，除了教導學生認識基本國字與生詞外，更是使學生能了解自己名字的由來與意義，並體會家族長輩對自己的期盼，進一步能「名」副其實、人如其「名」，更希冀能培養接受自己、尊重群己之人文素養。以下說明本教案之課程設計：

教學目標	一　認識本課之國字與生詞 二　完成一篇短篇文章 三　了解自己名字的由來與意義 四　體會家族長輩對自己的期許 五　養成接受自己、尊重群己之人文素養
教學對象	五年級學生，共十五人
教學時間	四節課，共一百六十分鐘
教　材	第七課〈我的名字〉
教　具	白紙數張、筆數枝、作文紙
教學方法	以PBL學習法為主，以導入情境問題實施教學，但仍需輔以講授法。

教學步驟如下：

活動	時間	教學內容與說明
暖身： 引起興趣	十五分鐘	課程開始前，教師可讓學生分享是否喜歡自己的名字，喜歡／不喜歡的原因為何？若不喜歡，想要改成什麼名字？為什麼？
學生分組 自主閱讀	二十分鐘	採三人一組之異質分組，一人擔任組長，負責使活動順利進行。又為避免排擠現象，建議教師協助。待學生分組完畢，便開始閱讀文本。組員需共讀，不可各自閱讀，遇有不懂生詞，可相互討論。同時，教師巡視教室，鼓勵能力較強的組別，也給予

活動	時間	教學內容與說明
		相對較弱的組別適時的協助，讓學生能將文章讀完。
總結課程	五分鐘	教師給予活動回饋，並說明下回課程步驟。
（第一節課結束）			
暖身： 使用遊戲， 測驗閱讀成果 暖身： 使用遊戲， 測驗閱讀成果	十五分鐘	為了解學生自主閱讀的情形，形成性評量是必然的。但為避免學生排斥，可利用賓果遊戲增加趣味。此遊戲頗適合知識性記憶形式的課程內容。 首先讓學生先在紙上畫出五乘五的方格，並在紙上隨機填入數字1-25。其次，由組長負責舉手，組員A負責回答問題，組員B負責指定數字。教師亦須事先準備十五至二十個題目。接著，教師問問題，組長聽完問題即可舉手搶答，再由組員A回答。若答對，組員B即可選擇一個數字，若答錯便須將回答權讓給其他組。最先在紙上集滿五條水平線、垂直線或對角線者就可喊「賓果」，測驗便結束。 最後，教師須講解學生較不懂的生字或詞彙，使學生更清楚理解文章的意義。
設計擬真情境，搭配同理心地圖	二十分鐘	名字除了用來自我介紹，也能讓他人知道該如何叫喚我。有些人會因名字而獲得較多的青睞，但有些名字卻被視為不雅，而遭到莫名的嘲笑或排擠，因此名字對人產生的影響很大。教授〈我的名字〉此篇，不只是讓學生學習其中的生難字詞，而是教導學生了解自己名字的由來與意義，進而喜歡自己的名字，也尊重他人的名字。因此，透過一個趨近真實狀態的情境，可引導學生發展學習目標，將知識融入情意，成為終生的核心素養。 活動開始前，先向學生說明情境。以下是為本次課程設計之情境：

活動	時間	教學內容與說明
		陶仁彥是一位個性溫和的十一歲男生,但是他很不喜歡自己的名字,因為唸起來像「討人厭」,因此常常被同學取笑,也變得越來越自卑。他曾經和父母抗議過,表示非常討厭這個名字,但父母表示,那是祖父親自為他取的名字,有重大意義,不能隨意更改。如果你是陶仁彥,你該怎麼辦?
		情境以簡單的故事呈現,內容不必鉅細靡遺,但也別過於簡陋。否則學生討論時,會不斷地以天馬行空的想像提出各種問題,勢必阻礙活動進行。其次,面對國小五年級學生,PBL所設計的情境須是學生能夠理解與體會的。若學生無法產生共鳴,情境故事便失去意義。國小學生常因名字的諧音而取笑他人,因此設計此擬真情境,以學生生活常發生的事件,引導學生學習思考。
		等學生理解故事後,搭配「同理心地圖」。同理心地圖較能降低學生的情緒發洩,避免出現如「揍同學」、「罵髒話」、「找兄弟」等字眼。透過地圖中的聽到什麼、看到什麼、感覺到什麼、說/做了什麼,以及有什麼痛苦和想獲得什麼,學生能一步一步沉澱思緒,逐漸放下無謂的情感。也因有同理心地圖的適度引導,學生較能以多種面向回答情境問題。
		此階段不容易,需花費較多時間,約二十分鐘左右。教師須隨時走動、觀察並提供即時的協助,但切不可直接給予答案。透過巡堂輔導,教師可了解學生的想法,以及分組情形與個人表現。
總　　結	五分鐘	教師給予活動回饋,並說明下回上課的課程步驟。

活動	時間	教學內容與說明
（第二節課結束）		
規則說明	三分鐘	說明本節課的步驟。
上臺發表成果	十二分鐘	各組於討論後完成作業，輪流上臺發表成果。教師除聆聽各組成果外，如遇到學生使用較為深難的字詞，可於全班發表後補充講解，並總結各組的想法。
小組互評投票	五分鐘	讓全班依照各組發表者的「口語表達」、「台風」、「發表內容是否能激發我思考」等項目評分並投票。
統整課程內容	二十分鐘	小組活動結束後，教師可以講授法說明、補充、統整課程內容。
（第三節課結束）		
活動	時間	教學內容與說明
開場	三分鐘	說明本節課的任務。
書寫個人作業	三十五分鐘	學生了解文本內容與主旨後，教師可再次利用前述之情境故事，並依照文本中的生詞或句型，要求學生完成一篇作文，視為一次評量。例如：必須使用「清晰」、「誕生」、「昔日」、「培育」、「侷限」、「回饋」、「靜謐」、「依偎」中的五個詞彙，以第一人稱視角，完成「如果你是陶仁彥，你該怎麼辦」的三百字作文。限制條件，不代表限制想像，在於國語課程仍需兼顧語文能力的培養，唯有表達清楚了，想法才會越來越成熟和進步。
總結	二分鐘	教師給予活動回饋，並交代下回課程事項。
（第四節課結束）		

　　PBL是由學生自學、小組討論、學生表達、教師統整的過程，環環相扣，缺一不可。透過文本情境傳遞知識內涵，再將知識內涵融入情境故事，讓學生能從討論情境故事的過程中學習同理。爾後再將所學觀點類推／遷移到真實世界，以解決未來可能會面對的現實問題。

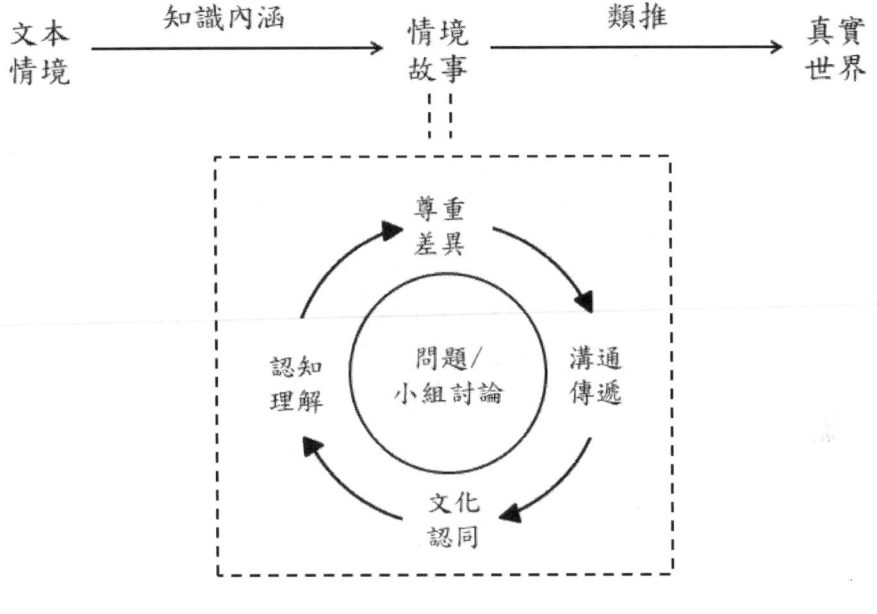

圖一　PBL的基本要素

三　特色與創新

　　屏東縣政府出版、屏東縣原住民課程發展中心編輯之小學國語課本，具有濃厚的原鄉部落文化，能使學生藉由漢語和排灣族語認識自己生長的土地及生活。而〈我的名字〉此篇，以深入淺出的文字，娓娓道出排灣族人諸多名字的內涵，讓學生重新思考傳統姓名的意義，進一步摒除成見威脅（Stereotype threat），以能擁有傳統名字為傲。另外，透過能引起學生共鳴的擬真情境，學習同理心，並尊重他人。名字是家族長輩的祈願和盼望，不該因諧音不雅而取笑他人。

　　此外，為避免國語課程過度偏向生命教育，犧牲原有的語文訓練，應教授的生詞解釋等基本認知，以及限制條件的寫作練習，均仍是不可或缺的環節，不宜一味偏重情意而本末倒置。二十一世紀的學生須具備四種關鍵能

力:批判思考、協同合作、溝通,以及創新。本教案設計使用之PBL教學策略與步驟,均觸及並養成學生此四項能力,同時搭配個人寫作,保留了語文課程的基礎書寫能力。

圖二　培養核心素養與系統思考的能力

四　結語

　　任何教學法都適用於各個階段的學習者,只要教師授課前能先思考:為何教?為何學?哪裡教?哪裡學?何時教?何時學?誰來教?誰來學?如何教?如何學?學什麼?師生之間、生生之間的默契是否足夠?操作完,學生是否真正達成單元目標?又如何評量?甚至是否能透過簡單的問題思考法,協助學生日後的課程學習?

　　被動的學習加上無法應用,終究是學而無用。本教案設計採用PBL問題導向學習法,教師提供條件與限制,營造一個趨近真實狀態的情境,引導學習者發展學習目標。透過系統的引導,讓學生有思考和解決問題的時間,進而逐漸培養相對應之能力。其次,就Vygotsky(1978)的認知發展理論,「近側發展區」(Zone of proximal development, ZPD)是合作學習的產物,故組員間相互的教學必然能促進其成長。藉由文本,也教導學生能夠探索自己、認識自己、接受自己,更進一步尊重群體、欣賞生命。

教師須面對不同背景、文化的學習者，因此了解各學習者的理解方式、用語習慣等是不可或缺的，面對原鄉的學生而言也是如此。除了換位思考之外，以「菜鳥效應」（Pollo Effect）保持心胸開放或許也很重要。「沒有人會自願表現得像個菜鳥；然而，要融入使用者的世界，這是必要之舉。因為沒有任何問題是無知的問題。」（Larry Leifer, Michael Lewrick, Patrick Link, 2019）經驗可以累積，但心態要像菜鳥，教學的熱忱與初衷，將是教學路上最強而有力的靠山。

　　PBL較盛行於大學端，然而小學、大學的教材與學習者固然有異，但教學方法卻可通用，因為沒有什麼教學法只適用於某一階段或某一群人身上。本教案設計的目的是為拋磚引玉，或仍有不足且需修正之處，但藉由分享可行之教學活動，期能讓小學端教師參考，也希冀能有更多大學端教師與師培生提供各種想法，使高等教育能與在地連結，逐步且具體落實大學社會責任。

參考文獻

王瓊珠、洪儷瑜、張郁雯、陳秀芬：〈一到九年級學生國字識字量發展〉，《教育心理學報》，第39卷第4期，2008年，頁555-568。

張民杰：〈運用問題導向學習設計與實施素養導向教學可行性之探究〉，《課程研究》，高等教育出版公司，2018年，頁43-58。

陳毓凱、洪振方：〈兩種探究取向教學模式之分析與比較〉，《科學教育月刊》，305，2007年，頁14-19。

賴利・萊佛（Larry Leifer）、麥可・路里克（Michael Lewrick）、派翠克・林克（Patrick Link）著，周宜芳譯：《設計思考全攻略》，臺北市：天下雜誌，2019年。

藍偉瑩：《教學力：深化素養學習的關鍵》，臺北市：親子天下公司，2019年。

偏鄉數位共學

楊志強
國立屏東大學師資培育中心助理教授

一 緣起與目的

屏東大學長期以來為南臺灣國民小學師資培育的重鎮，多年來在教育環境、教材研發、師資培育及各項教育相關活動，為了培育優質國民小學師資，全力參與並與地方學校建立良好的伙伴關係，落實教學理論和教學實踐的緊密結合。

教育部自二〇一七年開始推動「大學社會責任實踐計畫」（University Social Responsibility, USR），引導大學以人為本，了解在地需求，透過人文關懷與協助解決及改善地區問題，善盡社會責任，期待大學在洞察、詮釋及參與真實問題過程中，整合相關知識、技術與資源，聚焦於區域或在地特色發展所需或未來願景，強化在地連結，吸引人才群聚，促進創新知識的運用與擴散，帶動地方成長動能。

屏東大學教育學院教授肩負學術研究與國民教育師資培育的重任，教師除在校內培育師資，也發覺地方教育現況的問題，體會到屏東偏鄉地區教師留任的穩定性及專業性的不足，試著走出學術實驗室的研究框架，以協助在地偏鄉教師的專業成長為主要目標，期能透過多元的、長期的、專業的支持歷程，分析屏東偏鄉教師的教學困境及發展，以適切回應教師成長與專業需求，提出以「朱雀先驅」為題之USR方案，規劃符合偏鄉教師的教學專業成長需求，從教學課程的設計、教學活動的安排、陪伴與協助教師專業的成長，以及班級經營等技術，希望透過靈活的教學活動設計、彈性的增能活動規劃，以及長期的陪伴與支持。

朱雀先驅計畫的名稱由來主要以朱雀為古代南方神獸，象徵屏東大學立足南臺灣，致力作為偏鄉教育工作支援的先行者，以大學教授在教育專業研究的成果，協助屏東在地國小教師之教學專業能力的提升，以及本校師資生的訓練等三方面，採取「三師」專業成長並行的策略，所謂「三師」是指大學教師、小學教師和未來教師而言，透過與大學教育相關課程的聯結，指導師資生經由本校朱雀先驅計畫得到教學實作的機會，解決偏鄉教師專業成長與學習的困境，豐富本校教授教學課程的豐富度與實作性。如此，大學教授、小學教師與師資生，透過合作學習的機會，確保三方互惠，達到三師而行的經營模式。此外，計畫同時結合地方教育輔導與專業發展學校之功能，藉由大學端提供到校服務、舉辦研習、教材發展、遠距教學等協助，結合地方學校在臨床教學回應，兩者之間的結合創造出另一種教育合作的樣貌，期望創造符合在地城鄉、教育及文化發展的創新價值。

　　偏鄉數位共學屬於屏東大學教育學院USR計畫的其中一環（計畫架構如圖一所示），以數位關懷作為計畫的核心概念，起因於偏鄉地區學生放學之後，學生缺乏師長陪伴，為激發學生自主學習潛能、彌補城鄉教育落差，偏鄉數位共學計畫主要由大學師生組成計畫與執行團隊，以製作與使用數位教材及平臺的方式進行教學支援，以陪伴與學習為基礎，培訓大學師資生運用資訊科技融入學習，同時為三所不同的偏鄉學校，提供客製化的教學服務，協助偏鄉教師使用數位科技能力，提升偏遠地區學童學習動機與興趣。

二　執行歷程與策略

（一）地方的需求

　　為服膺教育部USR計畫理念，並以協助在地偏鄉教師的專業成長為主要目標，適切回應教師的成長與專業需求，研究團隊透過調查與分析，了解屏東偏鄉教育的困境與成長需求，經歸納分析發現主要需求如下：一、教師流動性較高：偏鄉教師調動機率大，每年教師的更替之頻率高，代理教師較

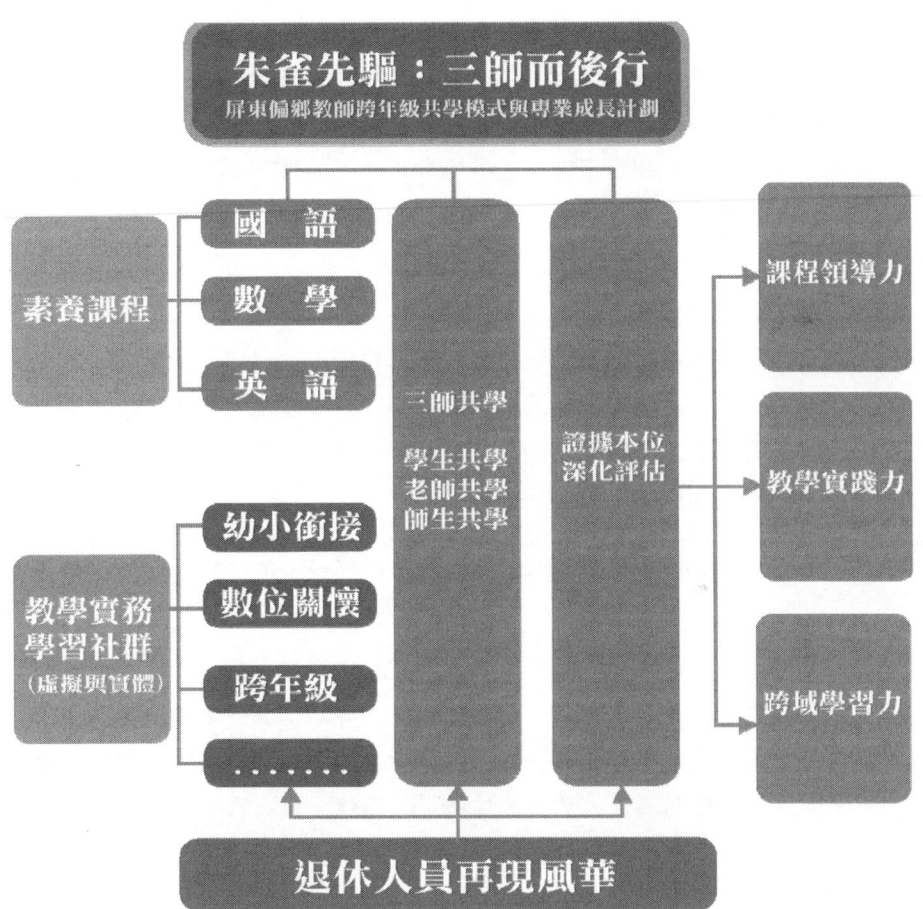

圖一　屏東大學教育學院USR計畫架構

多，穩定性不足。二、教學專業不足：由於偏鄉教師招募不易，常經多次招募後，招聘許多尚未接受教育學程之教師，其教學專業不足。三、教師專業社群運作困難：由於偏鄉多為小校，教師人數不多，在專業社群的組織與互動方面，較為困難。四、成長進修機會不足：偏鄉教師週一到週五間，常忙於適應環境與教學工作，又因交通不便，影響進修機會。

由於數位科技的輔助，使得自主學習的可能性提高許多，在應用數位學習之際，逐漸落實以學習者為中心的教學理念。自主學習是廿一世紀教育的新趨勢，更是提升未來學生身心素質、自我精進與問題解決能力的良方，近年因資訊科技的快速發展及普及，使得資訊交流的方式和習慣有重大的改變，這股浪潮也影響現代人的生活習慣及校園教學。數位學習的應用紛紛成為教育工作者導入傳統教學的新方式，偏鄉數位共學計畫期望透過多元的、長期的、專業的支持歷程協助達成教師專業成長及學生有效學習的目標。

在計畫開始之時，選定三所偏鄉小學作為合作的對象，透過會議討論深入了解不同學校的需求，以下分別述明：

1. 屏東縣D國小需求：經與該校校長及主任討論後，認為在數位設備充足及補救教學需求較大，再加上縣府政策的支持，進行因材網教學平臺的輔導與使用可作為計畫推行的主軸，因材網教學平臺乃教育部委託國立臺中教育大學建置而成，以「教師適性教學素養與輔助平臺」為題，取因材施教之意為名，內容除以知識結構為基礎，規劃出課程的邏輯性與關聯性，更具「即時」、「適性」與「自動化」等優勢。因此除了能協助教師進行適性評估、診斷與補救教學外，更適切地符合發展學生自主學習所需。

2. 屏東縣G國小需求：近年來3D動畫、列印、遊戲、建築視覺與廣告發展蓬勃，此外，許多軟體科技專利無償釋出或可使用線上免費資源，使得3D圖像製作成本降低。在教學活動上，3D資訊科技能經由電腦模擬讓教學事件更具探索性，而擬真的操作情境，更可促進學生多元的思考，在立體視覺化工具的選擇上，動態幾何軟體（The Geometer's Sketchpad, GSP）、GeoGebra、萬用揭示板（Magic Board）、Cabri 3D

及Google SketchUp（GSU）為數學教育界熟知的五種工具軟體。目前配合Google可對GSU進行免費線上使用功能，堪稱合適的教學軟體，並可應用於3D列印，由於G國小認為因材網教學在校內推展已達成熟，因此分別選定以3D列印作為其數位共學之內容，並以GSU線上版作為教學平臺。

3. 屏東縣W國小需求：AR技術是經由攝影機影像去即時運算並得到位置和角度，將虛擬的物件附加到預先設定好的位置，讓現實生活可以跟虛擬世界裡的資訊結合在一起，著名的遊戲寶可夢即運用此技術，讓使用者有新穎的體驗。AR技術應用於教學的案例有許多，比較著名的案例是遠端教學引導護理工作者提前練習相關技能。W校校長曾參加屏東大學數位教材發展成果展覽，對於本校研究的AR輔助教學軟體相當有興趣，認為可以在W校中推廣應用，因此，本校提供已開發之AR影像輔導教學軟體並協助W校教師進行教學設計。

由於各校的需求不同，最後以「自主學習」及「數位共學」為數位共學計畫之目標，分別以「因材網」、「3D圖像設計」與「AR輔助教學」作為實踐方案導入學校教學，期望能夠促進師生資訊能力及提升學習成效。

（二）計畫執行

偏鄉數位共學計畫主要由大學師生組成計畫與執行團隊，藉由投入教材設計與研發的過程，讓大學師資生感受到「被社區需要」，凝聚對區域發展的認同，由於不同學校的需求有所不同，需要思考如何運用適當的資源及組織大學師資生團隊進行培訓及同步發展教材，以下依三個學校分別說明：

1 **因材網數位共學──D國小**

由於數位科技普及，線上學習的浪潮逐漸風行，從國外的可汗學院，到國內的均一教育平臺、PaGamO，都希望讓學生突破地域限制，隨時隨地自主學習，能打破地域和城鄉資源差距。二〇一七年教育部也推出因材網線上

學習平臺，該平臺最大特色在於強調「適性測驗」及「評量分析」，給題方式依據個人程度，也就是每個人在作答第一題時，答對或錯會決定下一題的難易度，透過科學化評量，也可以做到利用評量結果分析學生的學習狀況。由於教育部大力的推廣，各縣市政府亦要求學校配合試行，屏東縣部分學校已於二〇一八年使用並成為適性教學學校，但D國小因各種因素於二〇一九年時仍未開始試用，因此提出由數位共同計畫進行陪伴並協助其使用的構思。

一開始，由於大學端對於因材網教學平臺的使用仍處於陌生空白階段，計畫開始後隨即投入時間了解平臺的使用及思考如何結合大學端師資生人力進行共學計畫。在一〇八學年第二學期時，先進行試探性的試作計畫，先到教學端實地了解因材網使用的狀況以及環境設備，再和校長主任討論完之後，發現實際上有許多原來計畫沒想到的問題，例如原本以為學校數位載具數量不足夠，後來發現，其實偏鄉地區的資源比預想的還要充足，只不過因缺乏妥善管理與使用不當，許多數位載具功能故障；而因材網的平臺原本設計是給導師使用，大學師資生以大學伴身分進入系統會有權限受制的問題，諸多問題經和小學端師長的多次討論後，也逐一設法克服，並開始進行平臺的試用，大學端由大學教授招募有興趣參與計畫的師資生，並給予八小時的因材網教學訓練，成為數位教學平臺大學伴。小學端則先從部分班級進行試用，一〇八學年第二學期試作期間共有三位大學伴加入，對二個班級進行教學平臺使用輔助。一〇九學年共有八位大學伴加入數位共學計畫，經由十六小時的培訓後，由其中四位大學伴對四個班級進行因材網教學平臺使用輔助。

由於大學師資生都沒有相關的經驗，因此就由大學教師先行示範使用方式，經過多次的模擬演練，開始進行入班輔導，還記得那是一個國小三年級的班級，第一次踏到教室裡面，在使用因材網的時候，學生們眼神充滿了好奇，我們利用三年級的班級進行一個簡單數學單元教學及平臺使用，引導學生透過數位載具觀看影片並進行評量，原本以為學生對於影片的學習會覺得不好，但是上完課後，有學生竟然說，影片好清楚，比老師教得還好！老師也非常有雅量的說能學會最好，以後可以多利用學習平臺進行自主學習。接著就由師資生到不同班級進行平臺使用的教學，過程也都大致順利。

圖二　大學教師第一次入班進行學習平臺使用示範

圖三　大學師資生第一次入班進行因材網學習平臺使用示範

　　經過入班示範後，各班導師已逐漸開始使用因材網，計畫團隊在一〇八學年期末時與D國小校長、主任及老師討論，決定在一〇九學年對三至六年級實施數位共學計畫，主要參與學生由各班選出約六名的學童，作為補救教學的目標，因此共有四個年級約二十四位學童進行因材網的輔助教學，預訂在一〇九上學期學期初、學期中及學期末各有一次會議，大學教師、大學伴會到教學現場和校長、主任、老師以及學生做實地互動，在平時則利用通訊軟體進行聯繫，大學師資生和老師之間建立Line群組，大學教授和主任之間也建立Line群組，藉此了解工作的進度及回饋的情況，由大學伴每兩個禮拜撰寫一次輔導記錄，由師培大學教師審核完之後寄給地方小學的主任並且讓導師知道學習進度（如附件一）。

2　3D 圖形設計與列印——G 國小

在需求評估階段時，G國小選定以3D列印作為其數位共學之內容，並由大學端為其設計教材，在一〇八學年第二學期時，計畫團隊先到教學端實地了解電腦教室的狀況以及環境設備，發現由於學校電腦教室是比較合適的場地，但由於沒有3D列印機，因此由大學端提供壹部3D列印機置於G國小電腦教室。經過和校長主任討論完之後，開始進行合適教材的開發，完成教材開發後，由小學端招募有興趣參與計畫高年級學生，並約定利用中午午休時間進行3D圖型設計的教學訓練。

一〇九學年有八位大學伴加入數位共學計畫，由於對於3D圖型設計並沒有先備知識及經驗，經由十六小時的培訓後，逐步建立相關知能，再經過大學教師引導，逐漸發展出國小端需求的3D圖形設計與3D列印的教材，提供紙本教材給G國小，為達成數位共學目的，計畫團隊建立youtube教學平臺影片，使G國小師生可以透過自主學習達成學習目標。

在學期中，計畫團隊安排三次到G校對學童進行3D圖形設計及列印教學，其他時間則由學校主任指導，利用youtube平臺影片或教材，進行自主學習。三次到校期間，第一次是由師培大學教師進行教學示範，由師資生在小學生旁協助操作及設計（如圖四），往後則由師資生進行教學示範引導學生進行3D圖型設計及將其成品印列出來，由於考量到3D列印速度較慢，為達到每次到校都能夠將成品列印出，教學內容及流程都經過精心設計，使得每次學生都可以在下課時拿到其作品（如圖五），增加其學習的興趣。在學期末，經由作業的指派及學生自主練習，發現學生都能創造出頗具原住民地區特色的作品（如圖六）。

圖四　師資生指導小學生進行3D圖案設計　　圖五　G國小學生展示課後完成之作品

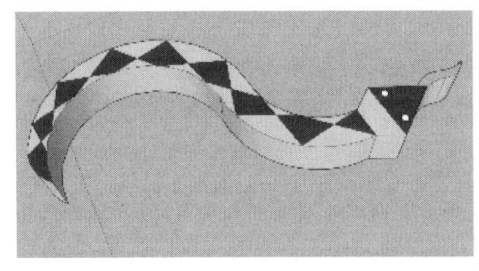 

圖六　學生設計的3D圖型作品：百步蛇　　圖七　學生設計的3D圖型作品：石板屋

3　自然科教學與 AR 軟體輔助——W 國小

　　W國小選定AR天文教學軟體作為其數位共學之內容，在一〇九學年暑假期間，計畫團隊先到教學端實地了教師的教學需求，發現W國小在設備上無法提供學生平板進行學習，但是自然科專科教室中有單槍投影設備及電腦可以將AR天文教學軟體的動畫操作效果呈現出來，於是計畫團隊協助將AR天文教學軟體移植到教室的電腦設備之中，並完成測試（如圖八）。

　　開學後，除了依原訂進度在四年級進行AR軟體資訊融入自然科的教學之外，為增加學生學習成效，計畫團隊配合虛擬的AR軟體設計出實體天文模型教材，提供給W國小四年級學童進行設計與組裝，使學生能夠動手做科學，完成簡易三球儀的製作（如圖九）。

圖八　AR天文教學軟體教室測試　　圖九　學生展示天文模型作品

三　師資生數位共學架構的建立

　　偏鄉數位共學計畫以數位關懷作為計畫的核心概念，以激發學生自主學習潛能以及和現場教師共學為目標，期望透過線上陪伴與學習傳遞愛與關懷，使師資生與偏鄉學童與現職教師互動學習，落實在計畫兩大主體——大學伴及國民小學學童的陪伴與教學上，以「生命陪伴生命，生活教導生活」的核心價值，培育大學學生社會服務與數位關懷精神，運用資訊科技融入學習，提升學童學習興趣與現職教師數位科技能力，促進偏遠地區教育文化之推動。在此同時也將學習成果回饋給現場教師與大學端教授，共同為專業成長提供嶄新的契機，達成共學、共好的成效。

　　在計畫的執行過程發現，偏鄉學校人力資源的缺乏與困境，無論是教師資訊增能，或是學童網路學習增能，必須雙管齊下，善用科技資源或可彌補城鄉落差，本計畫為偏鄉現職教師介紹相關科技學習系統的使用及操作實務，協助老師角色進化及增能，歷經一年來的計畫執行，研究者提出師資生數位共學教學模組（如圖十）作為日後接續的基礎，期待以數位共學的方式達成學生自主學習與三師專業成長的目標。

　　在圖9中，模組主要分為四個階段，第一個階段是準備階段，作為數位共學主要的開端，需先了解數位共學內容的科目主題、教學對象及教學環境設備以確定共學的計畫目標；第二個階段為理解階段，在目標設定完成後，

可進行研習課程的規劃及網站自主學習,由大學教師透過經驗的分享與現況說明,使師資生了解數位共學計畫如何實施與參與;第三個階段為精熟階段,由師資生藉由模擬平臺的操作及教材的設計,逐步對數位共學的模式達到熟悉的狀態,以符合實踐階段的需求;第四個階段為實踐階段,經過研習及教材設計後,師資生可以投入教學平臺的使用並實際與小學端師生互動,並藉由任務的指派與檢視,分析學童的學習情況,最後與師長討論並計畫執行的成效。

四 結語

數位科技不斷的發展,影響了學習的形態,教師的專業成長是一個動態,無法停止也不能停止,數位共學計畫落實大學教師、小學教師和未來教師的專業成長並協助偏鄉教育發展,為服膺教育部USR計畫理念,計畫執行過程中雖遇到許多困難,但是在問題的解決過程中,三師藉由不斷的互動與對教學的投入達成數位共學的目標,整合相關知識、技術與資源。與此同時,後疫情時代數位學習受到許多人的重視,許多國家的教育機構更是改採遠距教學,如何有效利用現行豐富的網路資源,妥善應用數位學習平臺,並且讓現場老師願意採用新方式去改變教學,是一項很重要的課題。本文說明如何藉由科技資源引導偏鄉小學生進行自主學習,在遠距的情況下完成學習任務,同時使預備教師、現場教師及大學端教師達到共學的目的,提出大學師資生數位共學教學模組,作為未來相關教學實踐的參考。

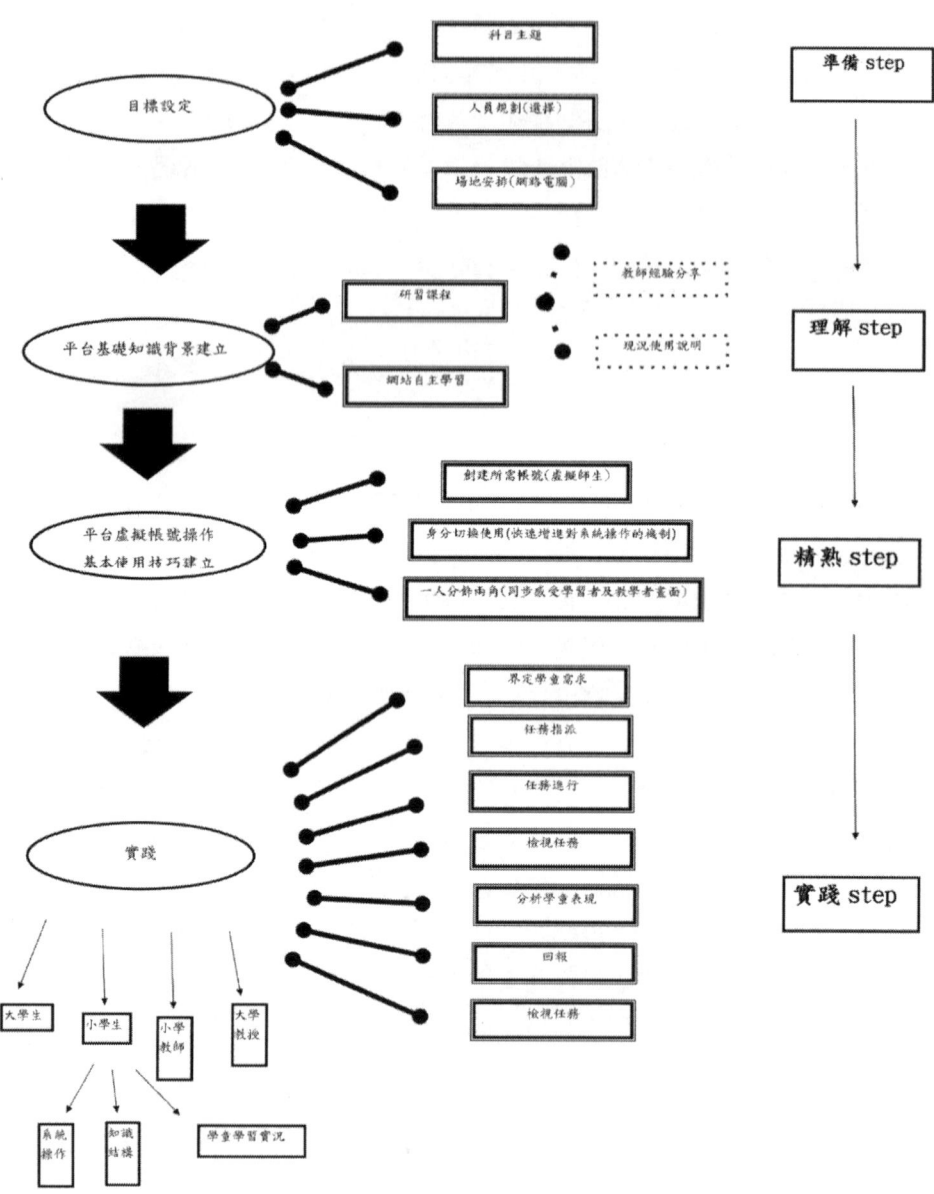

圖十　屏東大學師資生數位共學教學模組

附件 一○九年度第二期大學社會責任實踐計畫
——「朱雀先驅：屏東偏鄉三師共學模式」數位共學

數位學伴歷程檔案——雙週誌

教學心得及檢討反思（詳細版）
1 簡述工讀內容： 這學期主要指派任務的對象為D國小五年級的學生，並且負責數學的部分。雖然這學期是第一次實際使用因材網進行合作，但是透過學期初與D小學端曾○○老師討論合作方法，以及使用通訊軟體保持聯絡，促使目前合作都很順利。國小端老師的配合，也讓學生的作答率提高，因此，當自己進行分析學生的數學的學習狀況時也能更加全面。 2 教學心得（包含小學端回饋、教學策略及感想等）： 在這兩週之間，在因材網我先指派了一次任務，目前想了解學生的作答率，並且在期初時也和國小端老師討論過，因為對象由學習扶助擴展到全班的學生，因此先以循序漸進的方式來指派任務，達到穩定學生的作答品質，同時也能配合國小端。 從因材網的系統作答結果，很高興看見學生的作答率高於80%，雖然學生答對率不太高，但從因材網的知識節點中，也有一些新的發現。希望未來我們的持續進行，能幫助國小端老師更了解學生的學習狀況。 3 學生成效評估： 目前全班學生大約為二十位。這次的任務指派內容，主要是針對學生較弱的部分，透過國小端老師了解，例如：分數、小數的計算。因此，這次的任務只要是組卷式分數的單元，檢視分析結果可以發現學生的確分數的概念、算術低弱，尤其，學生對於分數乘法，可能沒有先把帶分數化為假分數再進行運算的概念。未來將指派真分數乘法運算，以及分數乘法先備知識的題目，來深入了解學生概念不清楚的地方。 4 對於個人職涯發展之收穫或省思： 對於因材網的系統還算上手，也能夠從系統中更有效率地分析學生的數學概念。

我認為未來因材網的數學分析功能，在學生能熟悉使用因材網的情況下，能成為學生的學習工具，也可以幫助國小端老師、大學伴進行形成性評量，檢視和覺察教學成效，事實扶助學習低成就學生。

對自己的表現評量： ☐很滿意 ☐滿意 ☐尚可 ☐差	大學伴簽名	
老師簽名	指導教授簽名	

見習歷程檔案──其他

工讀期間相關記錄〔可包括對話截圖（3-5張，並附註說明）〕

與小學端老師在通訊軟體的對話過程

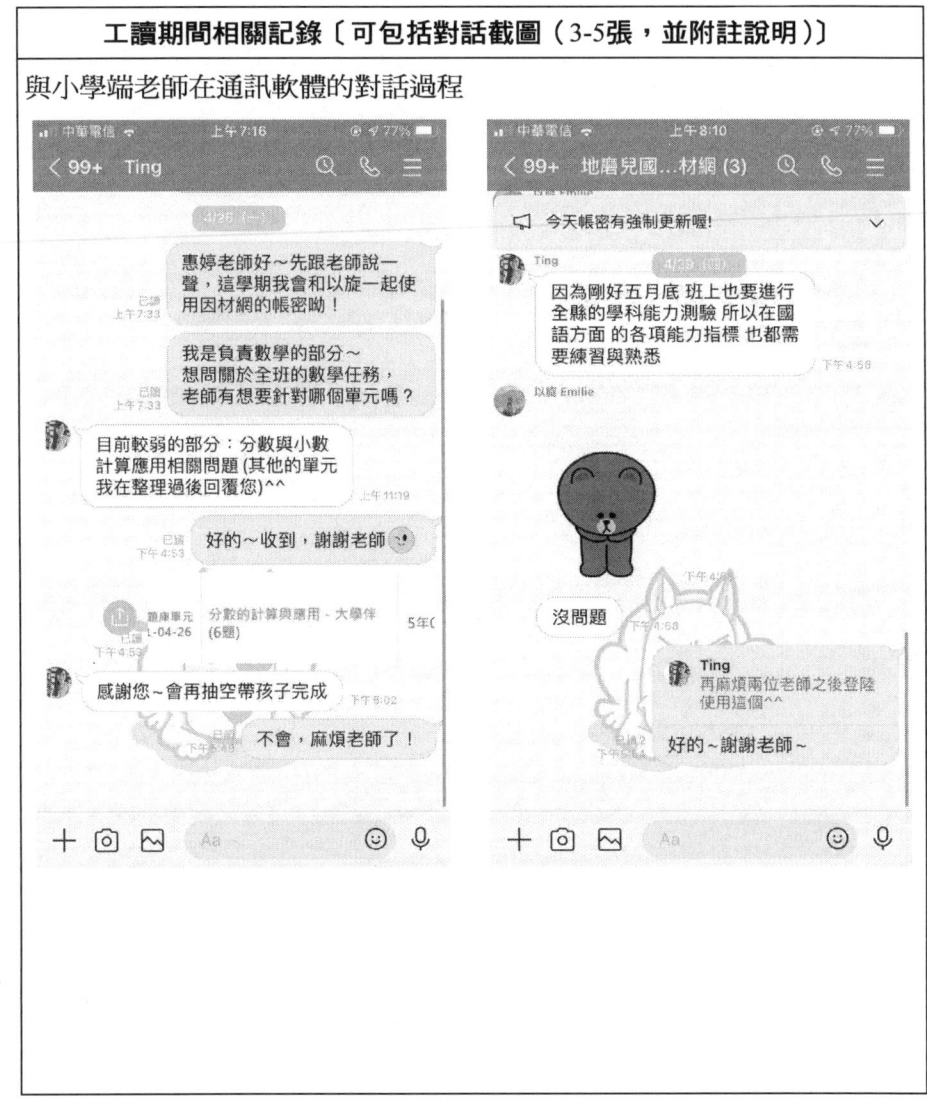

戀戀石光見
── 閱讀故鄉大書

廖淑珍

屏東縣玉光國小校長

一　緣起──用課程帶領孩子尋根

　　「石光見」──玉光學區的名字！這樣一個獨特而優美的名字，卻蘊藏百年來先民墾殖與居民勤苦謀生的美麗與哀愁！也孕育了玉光天真純樸卻封閉自卑的學子。

　　承襲先民早期墾殖時期，石光見為南洋物產集散地，至今仍為當地有名的黃昏市集。每到傍晚時分，市集攤販雲集、人聲鼎沸。然而，初來乍到的外地人總會好奇，為何只見市集中一年四季處處賣瓜，卻不見瓜田？原來，社區這些種瓜的居民帶著當地生產的西瓜苗，隨著四季不同瓜類的生長環境與溫度氣候的變化，遷移到全國不同的河谷種西瓜。因此，社區居民自詡為「綠色遊牧民族」！而石光見，是綠色遊牧民族的家；西瓜苗，便是綠色遊牧民族的根⋯⋯

　　我們的課程即以社區居民辛勤奮鬥精神為師，孩子生活的故鄉為根基，淬鍊孩子堅韌心智與勇敢的性格，開展孩子未來的無限可能。玉光團隊透過家鄉探索課程，化育故鄉的土地與人文為孩子成長的養分，讓家鄉的產業與故事喚醒每一個孩子的自我價值與在地認同。孩子因認識家鄉而守護土地；因學習在地而長出勇氣；因體驗生活而涵養能力；為熱愛土地而走向世界；為回饋家鄉而終身學習。

二 課程元素
——就地取材，找出優勢，轉化為玉光家鄉課程

孩子生於斯長於斯，我們讓這塊土地成為孩子成長的養分，用土地的文史、生態、物產、故事變成四個課程軸「人文玉光、活力玉光、國際玉光、創藝玉光」開始進入課程，就好像一堆食材我們要將它烹煮成食物，孩子看到這盤菜會覺得有營養又喜歡，讓這些內容對孩子是有價值可反覆咀嚼、仔細品味最後領悟課程傳達的內涵。

（一）人文玉光

「家鄉鐵馬踏查」跨領域主題課程帶著孩子去家鄉進行踏查。家鄉踏查前先帶領孩子做語文閱讀，實地踏查時孩子需要拍照，緊接著整理資訊，最後和大家發表自己記錄的東西。在這個資訊爆炸的時代，這看似簡單的課程不僅可以訓練小孩的發表力，同時還可培養其資訊力和資料整合的能力，這些能力對於他們缺一不可。

（二）創藝玉光

在創藝玉光裡，我們把家鄉的一切變成藝術！首先是舞蹈，用家鄉故事編入舞碼，指導孩子們參加屏東縣的舞蹈比賽，給孩子舞臺讓他們能展現自我。接著是最具代表的藝術創作，我們結合學學文創基金會，進行了採集故鄉顏色的課程「五光石色」這個課程，透過採訪分享地方感人故事，使故鄉文化色彩在美術館熠熠生輝。

創藝玉光還融入了舞蹈、植藝美學、音樂元素。其中最感人的是「小提琴圓夢計畫」！家住玉光的小提琴老師——秀華，彷若音樂天使，將音樂帶入文化沙漠的石光見，再帶領孩子做公益服務，在石光見黃昏市場拉小提琴給小販聽，撫平小販一整天疲倦的心靈，或到家鄉的老人院演奏給老人聽。

最後，小提琴公益表演擴及全臺。歷程中不但能撫慰人心，小孩也學會如何去付出，對社會貢獻盡一份力。

（三）國際玉光

英文老師透過雙語教學，將玉光孩子的小小世界變成國際天空！用心的老師將在地的素材都變成簡單英文版，讓孩子認識學習地方的素材英文是什麼，推行「雙語閱讀」。平時也會使用簡易的英文來做校園解說、生態解說，並介紹我們當地產業人文，讓玉光的小孩能好好學習英語，增廣見聞、拓展國際觀。孩子視野慢慢拓寬就能發現家鄉的獨特。課程的價值就是讓孩子愛上自己的家鄉，而且透過自身努力也能讓國際看見自己生長的這片土地。

（四）活力玉光

在活力玉光的課程裡，我們希望孩子們能學習到祖先努力不懈、與環境奮鬥的精神！每個孩子一進校園就要探索自己的興趣。校園內有許多的社團可供孩子們選擇，經過不斷的刻苦訓練將興趣轉換成自身的品牌。同時，我們也會提供孩子們搭起天賦展能的舞臺，讓孩子有發光發熱的機會。透過參加大型的賽事，磨練孩子的心志，他們會發覺努力能獲得回報，長久的訓練也都會化為甜美的果實。

三　以愛為軸心，「四能」為半徑的特色課程

玉光團隊以孩子為主體，建立教育願景——「從愛出發，培養四能（LOVE）人文美感的玉光人」。課程設計核心價值在培養學生適性發展，自主學習，為孩子搭建多元才藝的學習舞臺，並從展能中找到自信力與競爭力，進而適性揚才，讓每個孩子都磨練成四能的人文美感玉光人。課程架構如下：

（一）能感・人文玉光（L, Local）在地：從「人文玉光——家鄉鐵馬踏查」課程，實作體驗發現家鄉之美、體會長輩的勤苦，進而認同家鄉、記憶家鄉的美好，培養關懷家鄉、主動服務、珍愛環境的人文精神。

（二）能變・創藝玉光（O, Originality）創造：從「創藝玉光——五光石色」課程，讓孩子藉由創客實作及團隊展演，改變自己和故鄉。

（三）能動・活力玉光（V, Vitality）活力：透過「活力玉光——小小街頭藝人」課程，為孩子搭建多元學習舞臺，讓孩子從肢體躍動與民俗活動、體育活動中鍛鍊身心，透過一個個舞臺不停磨練自我，豐富學習觸角與生活視野。

（四）能好・卓越玉光（E, Excellence）卓越：讓自己和學校及故鄉的美好與卓越發光發熱。透過「卓越玉光——雙語閱讀」課程，以閱讀奠基學力根基，以桌遊開啟思考解決問題能力，也培養自主學習、溝通表達及解決問題的能力。

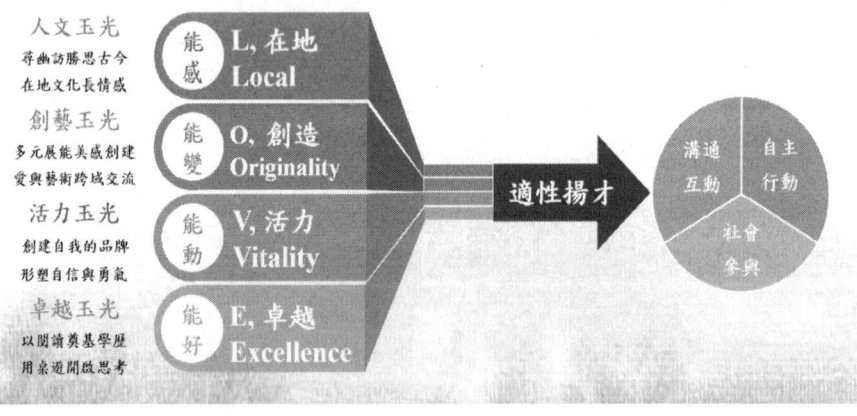

四　特色與創新

1　人文玉光——家鄉鐵馬踏查

　　佳冬鄉古蹟群歷來有「活的博物館」之美名，石光見的西瓜嫁接場則是全國「西瓜苗的故鄉」。我們帶領學生實際走訪家鄉，看見家鄉的美麗與哀愁，除引發孩子關懷故鄉之情，亦讓孩子看見前人的勤苦，學習飲水思源。課程引導學生深入理解家鄉產業，進行相關「文史彙整」和「走讀踏查」，透過家鄉騎讀來強化知識連結。孩子將所見所思進行「家鄉植物染料」科展探究、「校園小小規劃師」議題研討、「小小能源記者」專題報導，以及「家鄉文創小物研發」、「我的故鄉這麼美」、「戀戀石光見」家鄉繪本出版，行銷故鄉。

2　創藝玉光——五光石色

　　結合學學文創基金會「藝起來學學」引領著孩子感知家鄉文化特色，深度探索家鄉歷史、宗教、人文、產業與建築，將藝術與家鄉共創感動生肖作品登上高美館展覽，翻轉孩子生命經驗！孩子們透過數位閱讀、蒐集代表家鄉文化產業資料及分組討論，發表故鄉代表色文化意涵。全校票選五個石光見故鄉顏色，配合故事及學學文創課程進行感動生肖創作。同時，將西瓜葉子運用客家藍染與植物染，創出屬於自己故鄉的染布作品。最後，結合四健會食農課程，將西瓜果肉（皮）製成創意果醬及手工香皂，使用家鄉顏色，發揮孩童創意，設計屬於家鄉產品的LOGO包裝行銷自己故鄉。

3　活力玉光——小小街頭藝人

　　小提琴社團學生因學習音樂而回饋故鄉耆老，從故鄉黃昏市場開始啟動小小街頭藝人傳愛之旅。學生共讀和「愛與付出」有關的繪本，藉此培養孩子主動付出與關心他人的情懷，並將此內化成孩子的內心價值，進而將孩子的想法轉化為行動。接著結合國泰圓夢計畫，玉光師生將小提琴社團所學，

利用假日到醫院、安養院與長照中心等單位進行表演，用音樂醫治人們心靈、用音樂陪伴閱讀，散播歡樂與愛、療癒長者與病人身心靈。

4　卓越玉光──雙語閱讀

玉光學子與外國人士欠缺交流機會，除平日領域教學時數外，能有適切情境使用英語機會其實不多。故學校除了充實英語繪本及視聽教材外，每年亦規劃學生至縣內國際英語村遊學。再透過雙語閱讀課程與桌遊活化教學，進行節慶英語閱讀活動。例如：聖誕節時導讀節慶相關英語繪本，並讓學生寫信寄給德國的聖誕老人。平時進行英語小小解說員、英語闖關進校園，讓家鄉特色接軌國際。玉光學生透過英文課堂看瓜、畫瓜、析瓜三步驟了解西瓜部位，並用英文解說。孩子們用英文介紹家鄉特色，讓在地特色走向國際化。

五　成果與效益

1　認同在地價值，守護家鄉文化

在人文玉光課程軸捲動下，師生一起騎讀故鄉，走訪故鄉職業達人。閱讀故鄉這一本歷史大書，感受故鄉的美麗與哀愁。先人的勤奮史、祖先的智慧、長輩的足跡，都刻畫在古老的建築、老樹、斷垣殘壁與小河古井上！它或許是記憶美麗的回憶，亦或許是哀愁的悲痛，但都是生於斯長於斯的孩子們的必修課程，透過騎獨故鄉課程進行了一場「真正的教育」，孩子因此而體會──我們都是「茄苳囝仔」，未來家鄉由我們守護！

2　培養勇氣自信，翻轉學習動能

玉光小小街頭藝人結合國泰圓夢計畫，公益服務歷經三年已經走遍全臺灣一百場以上公益展演，足跡遍及花東、桃園雙北，留下許多感人的故事。而創藝玉光結合學學文創基金會感動生肖系列作品，更是連續三年登上高美

館與屏東演武場藝術展演，讓故鄉美好被看見。

3　成就展能舞臺，創造高峰經驗

　　雙語課程每日英語句子集結成劇，將文本化為肢體語言，培養多元化興趣專才。依據不同年段設計每週一句日常英語，並且請學生每天入校門時開口唸，作為全校學生晨間入校門的通關密語。最後讓學生將每週所學的日常英語改寫一部小話劇演出，參與英語話劇比賽，已蟬聯兩年榮獲屏東縣特優。

4　體認土地文化，宣揚故鄉美好

　　三年來玉光孩子從騎讀家鄉的歷程中探尋家鄉文化、歷史、產業與建築的代表元素，透過學學文創色卡比對，再由全校票選出最能代表故鄉的顏色。孩子用故鄉五色將心中的故鄉元素彩繪於感動生肖陶瓷素坯，讓石光見的文化故事躍然於藝術舞臺！我們的師生用自己的藝術創作告訴大家——這就是我的故鄉！這就是孕育我們生命的建築、文化與產業！

六　後記——與USR合作省思

　　這一年與USR合作感觸很深，首先我們學校老師既要教學又要設計課程有時會很侷限在校長指派的內容裡，而屏東大學學生的加入為玉光注入了新的活力。為使學生理解課程精神與價值，屏東大學安排兩個班級的學生來玉光參訪與實際踏查。第一個班來玉光聆聽校長介紹課程；另一班則是認識我們的特色文化，像是黃昏市場和西瓜苗與特色社團，之後在教授的帶領下設計教案。由於我們的老師一直以來設計的教案都是偏向課程執行面，鮮少將教學目標與學習表現訴諸文字，例如：老師帶孩子去踏查，決定好要去西瓜苗場、楊氏宗祠，老師們就會將選擇的點串聯起來，然後查找資料，時間到了再帶著孩子去實地走訪，最後將一路踏查拍下的照片做成簡報。然而，這樣的教學流程缺乏理論架構，但透過USR合作計畫，這些大學生就可以把珍貴的實踐力成規劃成教案，且將架構轉為理論與教學文字，讓我們的課程計

畫更臻完善。

　　此外，當教案訴諸文字後我們可以清楚看到在這個課程理念下，老師的教學目標、教學內容和學生的學習表現，整個課程變得更有架構和理論。在孩子的學習歷程中，屏東大學的同學們也很有條理地幫他們寫出活動內容，並且設計學習單，這些是校內老師沒有時間可以去做的精細部分，與USR合作讓一切內容理論化、脈絡化。

　　最後，我覺得很棒的點是，大學生充滿創意天馬行空的想法讓課程開展得更寬廣！屏東大學的學生運用國語日報來幫助玉光的孩子進行媒體識讀、善用黃昏市場的資源來做家鄉特別產業活動。大學生企圖從我們舊有的基礎上開創更多教學素材，讓課程變得更精緻。若說家鄉課程對於孩子是一本故鄉大書，那麼這次與USR合作就是讓這本書更精采、豐富、多元，屬於石光見獨一無二的魅力也能被大家所知。

素養導向英文教學實踐

潘怡靜
國立屏東大學應用英語學系副教授

一　緣起

「大學社會責任實踐計畫：朱雀先趨：三師而後行——屏東偏鄉教師3T共學模式與專業成長計畫」是以大學教授在教育專業研究的成果、協助屏東在地國小教師之教學專業能力的提升、以及本校師培生（有志從事教職的學生）的訓練等三方面，採取「三師」併行的策略，透過與大學教育相關課程的聯結，指導師培生（或有志從事教職的學生）經由本計畫得到教學實習與實作的機會，解決偏鄉教師專業成長與學習的困境，豐富本校教授教學課程的豐富度與實作性。

教育部推動十二年國民基本教育接替九年一貫課程，以「核心素養」作為課程發展主軸，強調學習不宜以學科知識及技能為限，而應關注學習與生活的結合，透過實踐力行而彰顯學習者的全人發展（教育部，十二年國民基本教育課程綱要，2014）。簡易來說，素養導向教學是，把知識、能力和態度整合運用在情境化、脈絡化的學習過程中，注重學習歷程、方法與策略，透過實踐力行的表現來評量學習成效（教育部，2018）。因此素養是跨領域、跨科目的學習，素養是對生活中的「現象」發出疑問，素養課程是以學生為主，從學生好奇的問題出發（陳雅慧，2017）。換言之，素養的理念下，英語課程不單單只是語言知識的習得、語言技能的培養，還包括語言在生活情境中的運用，以及文化理解包容、創新思考、學習態度與習慣等面向。新課綱強調藉由英語獲取各個領域的新知，並提供學習方法與策略，以發展學生的自學能力（教育部，2020）。

本英文教育子計畫宗旨在於闡述團隊如何在屏東東海國小與佳冬國小，就偏鄉輔導，教案開發與專業增能等面向，實踐上述素養導向英文課程教學理念。

二　偏鄉輔導

　　「大學社會責任實踐：朱雀先趨計畫」的夥伴學校東海國小校長陳述「市區孩子放學後有額外的課堂輔助教學，但東海孩子課後沒有英語輔助，學習機會少，更希望偏鄉在扶助教學方面可以增加一些資源。」因此為提升偏鄉學學童英語學習動機，落實教育部以學生為主，情境體驗式學習的「核心素養」教學理念，以及改善小學生英文雙峰現象，英文程度差者受限於大班教學，較難執行個別差異法教學的增強機制，本計畫指導英語碩士班學生至東海國小進行一週一次的小班英語教學輔導，依據小學生扶助教學能力測驗的前測成績，補強其英文能力未達指標之處，利用朗讀、寫作、生活情境對話練習與語言遊戲等方式協助學生能（一）正確且流暢的寫出英文二十六個英文大小寫字母，（二）正確且流暢的背誦英文二十六個英文字母，（三）正確的辨識二十六個字母的發音，（四）正確的運用字母拼讀法（phonics），（五）聽辨課堂上中所習得的詞彙，（六）辨識課堂中習得的詞彙與句型，（七）聽懂常用的教室用語及日常生活用語。經過十二週的輔導，輔導老師記錄的學習歷程，小學生的後測成績與家長的回饋，誠如東海國小校長的陳述，「老師的努力，孩子們的進步是看得見的，家長反映以前不喜歡甚至不接觸英文，現在孩子回家想唸英文，雖然進步情況尚未反映在全部孩子的成績上，但是學習動機提高許多」。再則，小學生也對生活情境運用，素養導向的偏鄉教學模式，做了正面的回饋：「課程有趣、課程可以學習」、「在英文的學習對我有幫助，會讓我們有互動」、「我知道怎麼發音、怎麼寫問句、還有背單字」、「現在我可以慢慢用拼音的方式背單字了」、「課程的設計很好，讓我可以融入教學的過程」、「課程多元，讓我們在英文課上完跟英文有關係的遊戲」、「讓我學習到很多單字」。

三 教案開發

配合於屏東東海國小與佳冬國小夏令營的舉辦,指導師培生設計主題式素養導向的英語教案,例如:家鄉文化之旅,食物之旅,國際之旅,奇妙冰沙,童書製作等,搭配教材的製作,並與實踐場域教師進行教學實務交流。

東海國小舉辦的沈浸式生活英語夏令營,教學活動主軸是教導學生如何用英文介紹自己的家園——枋寮。課程設計共分成三個主題:基本自我介紹句型練習;枋寮知名景點,及屏東特色水果。各個課程設計不僅與英文環環相扣,更將遊戲帶入孩子們最熟悉的家園景色,藉由遊戲因子吸引學生,成功激發孩子的學習動機,也使其將所學知識內化吸收。另外,全程採分組合作與競賽並行,讓孩子們學習同心協力的重要性。第一堂課,利用刺激的Demon Game搭配學生最愛的玩具槌,來記住每個人的名字,讓彼此有更多的互動。接著教導句型,協助學生可以用英文介紹自己的年齡、興趣、居住地。最後,透過ball game隨機找同學上臺說英文,驗收學習成效。第二堂課,介紹數個枋寮當地景點,因為都是學生經常看到的景色,學生顯得格外有興趣,且活潑踴躍參與,透過景點拼圖遊戲,強化英文學習成效。第三堂課,介紹屏東八大水果的單字,並讓學生親手製作美味又涼爽的水果冰沙。最後,透過闖關遊戲將學習內容做一個總複習,藉由多元活動,學生全程使用英文運用當天所教的句型單字,以做中學的概念,提供學生練習生活英語的機會,提高學習動機與成效。

佳冬國小教學輔導英語夏令營以主題式教學,引發英語學習興趣的教學模式,教案設計多元,將知識、能力和態度整合運用在情境化、脈絡化的學習過程中,注重學習歷程、方法與策略,透過實踐力行的表現來評量學習成效。例如第一天的課程,介紹九個國家,並搭配各國的食物讓學生用分組討論方式,運用先前所學的單字回答來自於何處。最後,以常見的食物提出相關問題,全程分成三組競賽進行了解九個國家的國旗、國家名稱、代表美食,以及特色建築與地標,並讓小朋友經由動手操作與口頭練習不斷複習單字與句型,最後以「大富翁」遊戲總複習當天的課程。第二天的課程,主題

以兒童繪本為主,並搭配競賽、角色扮演、製作小書等活動讓學生延伸學習。活動結束前,邀請學生上臺分享製作的小書。輔導員以簡報輔助說故事,過程中以提問的方式讓小朋友發表意見。說完故事後,小朋友在學習單上做相關單字(各種家事)的書寫與繪畫,加強學習印象;除此之外,小朋友也分組扮演故事中的角色進行對話練習,更熟悉故事內容之後,小朋友分組製作小書,其中包含各項家事與幾點幾分的英文句型以供複習,接著各組上臺分享自製小書。第三天的主題是屏東在地的文化、景點、美食,與歌曲教唱。以屏東的食物和景點為主題,讓學生學習不同鄉鎮具有代表性的食物和景點英文,以及句型的延伸。最後以歌曲教學讓學生以分組的方式上臺表演。輔導員運用簡報介紹屏東景點、建築特色與小故事,同時讓小朋友看圖猜猜看、想想看這些景點在哪裡,接著進行口頭練習以及填寫學習單,讓小朋友複習相關內容與單字。而介紹完美食與其產地後,輔導員設計了對話練習,讓小朋友扮演老闆與客人採買食物,練習口說。歌曲教唱部分由輔導員講解並帶小朋友一起合唱。此外,也讓小朋友聽寫部分歌詞內容,豐富課程。最後進行「積木疊疊樂」複習三天營隊的課程內容,營隊結束前也讓大家大合唱,圓滿結束三天的英文成長營。

　　透過這些英語素養導向的教案設計與實際教學實踐,參與的輔導師培生於心得反饋中也表達了他們的收穫:「此三天的英語營不僅讓偏鄉孩童接觸多元文化、增進文化刺激的機會,更讓身為師培生的我們增進教學前準備以及教學過程與教學後修正的機緣。透過籌備及教學,我『做』中體驗了教學準備與教學本身的挑戰,也了解到身為教師應具備的應變能力。」、「這次的英語夏令營活動我所負責的是繪本導讀和繪本相關的延伸活動。在上課前,除了熟悉繪本之外,課前須製作相關的教具,例如:字卡、角色扮演道具、小書。在設計上課的簡報時,同時也要了解學生的喜好,引發學生學習動機。此外,這學期在學校所修習教育學程的課程為教學原理,這次夏令營教學,主要運用的是合作學習法和讓學生動手做的做中學。此外,也可將英語讀與寫中所學到的說故事的技巧運用在課堂上。」、「三天實際操作過程後,還是會跟自己原先設想的模式有落差,在班級經營的部分,大部分都是以正

增強機制，累積分數後再兌換獎品（代幣增強物），但在實際的教學現場，小朋友會因為組別沒有加到分數而開始有負面的情緒、被責備的情形導致團隊默契變差；再則少數的小朋友對加分機制不感興趣而開始影響其他小朋友的學習，因此在運用史金納（Skinner）的正增強機制時，需要考量到學生的年紀與文化背景等並輔以社會性增強物（鼓勵、讚美等）以增強小朋友的學習興趣。」

四 專業增能

於屏東佳冬國小與屏東大學舉辦教師英語增能講座，提升在職教師，師培生以及有志從事教職的大學生英語教學策略新知，並藉由做中學的工作坊，協助體驗實務教學概況。

外籍講師Josh Douglasu的「國際英語文化交流講座」以全英語教學示範，教導在職教師與師培生如何協助小學生適應全英語的教學模式，設計生活化課程與跨文化交流體驗活動，例如簡介美國地理，提出美國地理相關問題讓學生分組討論並簡易回答。接著，從生活常見用語切入，使學生能運用先前所學的單字回答。最後，以常見的食物提出相關問題，全程配合遊戲來更貼近學生。再則，不僅只是老師提出問題，也讓學生對老師提出問題，打造出與學生亦師亦友的教學方式。活動結束前，邀請學生上臺針對今日的活動分享心得回饋及成效。上述解決問題且注重學習過程的素養教學導向模式，不僅讓師生雙方都有雙向的收穫，同儕之間亦能學習新知。

蔡文國小教師余彗鎧的「雙語教育增能實務講座」,「沉浸式英語講座」，以理論與實作並行的模式，首先講述如何就（一）教師資源、（二）行政支持、（三）教學資源、（四）課程設計等面向推動雙語教育，進而傳授何謂「素養導向教學設計」，如何以雙語教授自發、互動、共好、跨領域課程，並協助參與學員進行實作課程設計，以了解如何1. 連結實際的情境脈絡，讓學習產生意義、2. 強調學生參與和主動學習，得以運用與強化相關能力、3. 兼顧學習的內容（學習內容）與歷程（學習表現）以彰顯素養乃包含

知識、技能、情意的統整能力、4.針對不同核心素養項目，應有不同設計重點，最終所產出的教案能以領域課程內容為教學原則、不偏離該單元能力指標、學習重點、且教學過程中即在評量學生學習成效。

整體而言，上述三個講座的滿意度平均值皆達4.5以上（滿分5分），尤其參與教師高度贊同「此次活動內容符合自己需求」以及「滿意活動地點之滿意度和活動整體規劃」（平均值為4.7）。參與教師的正面質性回饋包含「今天很高興能聆聽有關雙語教育的分享，在推動雙語教育的過程中，也常遇到困難，包括『資源』、『環境』等等，非常受用！」、「了解雙語學習，以生活對話，使小孩習慣英語環境，進而不排斥英語。」

五　結語

「大學社會責任實踐計畫：朱雀先趨：三師而後行——屏東偏鄉教師3T共學模式與專業成長計畫」其中英文教育子計畫透過社會實踐「做中學」理念，闡述團隊如何在屏東東海國小與佳冬國小，就偏鄉輔導、教案開發與專業增能等面向，提升有志於從事英文教育的學生以及在職教師，對素養導向英語教學課題、課程設計與實務操作等方面的了解與演練，進而強化素養教學之能力，從實地學習中可以縮短所學理論與實務間的鴻溝，減少學用落差，提升學生就業準備度，再則藉由帶領修習教育學程的師培生或有意從事教職的學生進入偏鄉學校，了解偏鄉的需求，進而對偏鄉學校的教育有所熱誠，同時透過實踐場域實作，運用共學模式，即大學教師的專業知能與經驗，帶領學生進到國小校園裡，進行教學，並結合在職教師參與研議素養課程規劃，以軟性服務補充偏鄉人力與教育資源的缺口，藉由互動經驗，手把手的交換教育現場的現況，讓每個角色都能獲得合適發展與貢獻成長的機會，串聯起大學端與地方教育與人力資源的價值，擴展大學社會責任推動的深度與廣度（深耕偏鄉教育：加廣、加深、無縫，2018-2020）。未來在教案開發的延續上，希望結合跨文化能力發展以及強化當地文化特色，例如海線鄉鎮夥伴學校的人文景觀、在地海產美食或特色活動等，融入生活素養的英

文教學與學習。再則，本研究對於師培生偏鄉輔導的面相較偏重質性回饋的探討，未來擬結合質化與量化的數據，做更深入研究，最後，未來亦將進一步探討專業增能與教師提升自我能力之成效相關分析，豐富專業增能講座內容，助益教學的成長。

參考文獻

教育部,(2014)。十二年國民基本教育課程綱要。國民中小學課程與教學資源整合平臺,取自https://cirn.moe.edu.tw/Facet/Home/index.aspx?HtmlName=Home&

教育部,(2018)。十二年國民基本教育課程綱要國民中小學暨普通型高級中等學校語文領域-英語文。國民中小學課程與教學資源整合平臺,取自https://cirn.moe.edu.tw/WebContent/index.aspx?sid=11&mid=5870

教育部,(2020)。中央課程與教學輔導諮詢團隊英語組諮詢教師。【英語】跨領域教學可以這樣做。國民中小學課程與教學資源整合平臺,取自

深耕偏鄉教育:加廣、加深、無縫,(2018-2020)。臺灣師範大學社會責任實踐計畫。取自http://usr.top.ntnu.edu.tw/project2.html

陳雅慧,(2017)。108課綱系列──什麼是核心素養?跨越科目疆界、把知識用出來。親子天下,取自https://flipedu.parenting.com.tw/article/3285

排灣族文化跨領域學習之主題課程思考與設計

陳惠珍

國立屏東大學幼兒教育學系副教授

朱晨華、宋芳真、葉芷翎

國立屏東大學幼兒教育學系師資生

一 緒論

　　一直以來,幼兒園原住民族在地文化課程主要聚焦於語文與藝術領域的學習。「朱雀先驅:屏東偏鄉三師共學模式」教育USR計畫應實踐場域之幼兒園教師所需,為強化排灣族幼兒園教師設計跨領域學習主題課程之能力,並激勵優質師資生認識、了解、欣賞排灣族文化以提升未來投入偏鄉地區服務之意願,先透過遴選程序招募三位優質幼教師資生,接著以排灣族文化培訓之,培訓之重點為整體概念之了解,如圖一之概念網所示。

　　培訓以排灣族為正中主軸,並將其分成五大向度,分別為:神話傳說、手工藝、生活、階級制度以及祭祀。再分別將排灣族的特色、文化,依照五大向度進行歸類如以下:

1　神話傳說:孔雀王子、太陽的孩子、百步蛇。
2　手工藝:木雕、陶壺、青銅刀、琉璃珠。
3　生活:飲食、居所、服飾。
4　階級制度:貴族、平民。
5　祭祀:五年祭、收穫祭。

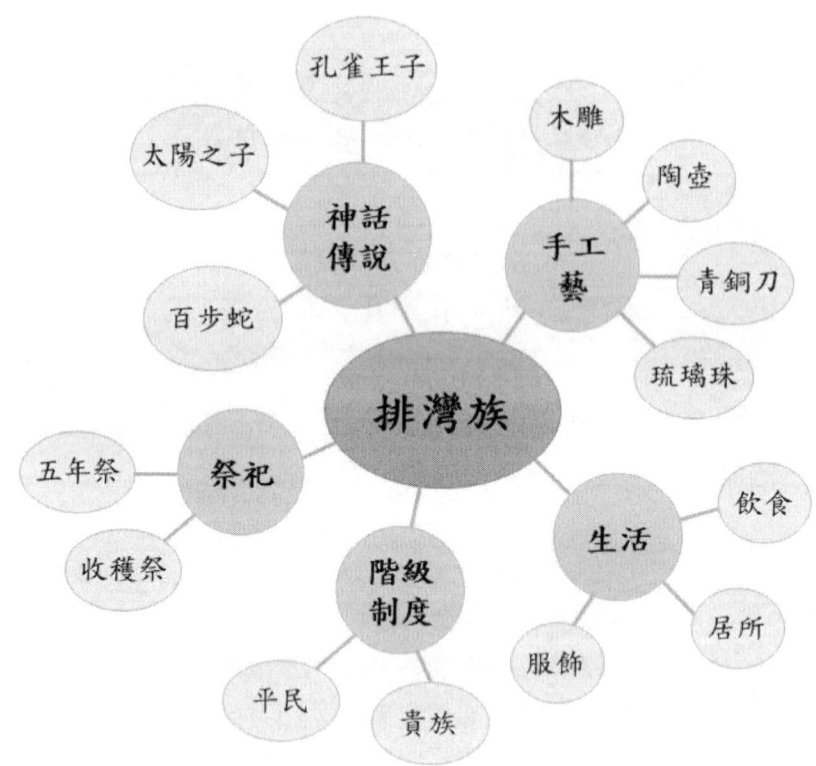

圖一　師資生排灣族文化培訓之重點概念

　　透過以上之概念協助師資生對排灣族特色能快速有初步認識。換言之，藉由鮮明的分類與清晰的脈絡，協助對於排灣族不熟悉的師資生，在設計主題課程時具備廣泛的認識，以利後續之資料尋找及脈絡連結。

　　而後三位師資生以排灣族文化思維設計跨領域主題課程，主題課程初稿完成後舉辦成果發表會，邀請排灣族裔幼兒園教師擔任文化評審，除可促進師資生與在地教師之交流外，更可彼此學習與成長：排灣族教師驚嘆科學、數學融入文化課程的巧思，而師資生則從評論中深化對排灣族文化的了解。之後，三位師資生根據排灣族教師之建議修改課程內容而定稿。

二 課程特色

　　三位師資生分別以排灣族五年祭、太陽的孩子、小米收穫祭作為主題。

　　排灣族五年祭主題課程設計著重於幼兒的實際體驗，運用「做中學，學中做」之理念發展，除藉由仿效儀式，例如：「迎靈儀式」、「刺球儀式」與「送靈儀式」等活動內容，使幼兒深入的沉浸在難能可貴的文化盛典裡，其中五篇教案，從文化課程中取材，融合科學領域，在認識文化的同時也體驗了科學的樂趣，也更加深對文化的印象與理解。

　　主體網分為五個大類別：「五年祭的意義」、「迎靈儀式」、「刺球儀式」、「送靈儀式」與「祭祀美食」，依照次序先認識五年祭的緣由及意義，再依序活動流程的儀式進行，最後結合祭祀美食中的重點之一「qavai」，整體教案的脈絡是有順序性、次序性的。教學以小組教學為主，從第一個活動開始，教師讓幼兒分組，把各小組比擬為每個「家族」，每個家族準備與慶祝五年祭的方式都不一樣，除增加分工合作與協商溝通的機會，也會使各家族也產生自己的小文化。

　　涵蓋科學領域的教案總共有五篇，其包含的科學概念，例如：「認識可燃與不可燃物」、「力」、「空氣阻力」、「重心」以及「發酵反應」，雖不是常見的幼兒科學活動，而是從文化課程延伸出來的活動，讓幼兒從科學的角度體驗文化課程，除增加課程的趣味性與豐富性，也加深對文化的認知，並能與生活經驗做連結，例如，認識發酵反應後，幼兒能知道麵包店各個麵包凸起的差異及原因。

　　太陽的孩子教案結合簡單的科學、數學以及戲劇活動，在各種探索的過程中，加深幼兒對於排灣族文化特色的認識，也學習古人如何將科學、數學融合至生活中的傳承智慧，以及藉由排灣族人的神話傳說、階級特色、手工藝……等，開拓幼兒新的藝術視野，激發更多的創造力。

　　主題網的部分，動機的引起是很重要的一環，一個好的動機決定能否快速吸引幼兒的注意以及興趣，所以先以輕鬆的動畫影片作為課程的開端，讓幼兒認識排灣族神話故事，爾後再和幼兒一起討論統整出主題網。

太陽的孩子跨領域主題課程設計以師生共構模式而成，讓幼兒也參與主題課程架構及發想，以幼兒角度出發，教學者也能看到不同的觀點，避免由教師主導但內容卻和幼兒舊經驗落差太大，難以引起幼童興趣。除此之外，因為幼兒實際參與了課程的架構，將使得幼兒對課程具所有、認同與成就感，因為其所有感與成就感，讓幼兒認定了課程歸屬於自己，且盡力維護自己的所有物，同時也會促進幼兒彼此之間的社會影響力，共同維護課程。

　　教學活動設計以探索為主，幼兒以一個探索者的角色主動探尋新知，除可減輕幼兒的疲乏程度，放寬吸收的強度，更能確保所學所得的質量。換言之，讓幼童時常保有探索的樂趣，進而保持高度學習動機，從活動中體驗或認識文化特色，有助於加深對文化的了解。

　　教學活動科學與數學跨領域的部分，從探索光影的變化，到搭建石板屋所需考慮到的平衡、重力、結構力學……等等，皆為教學者和幼兒一起探索、觀察後再協助幼兒歸納、統整答案，因此，一開始不必過於設限幼童探索的方向，以便幼童發揮創意解決問題，此乃幼童亟需培養之能力！

　　小米收穫祭主題課程則融合了文化傳遞、科學與數學，並將社區資源帶入幼兒園，透過將不同意義、習俗傳遞給幼兒以利文化傳承。此主題課程偏向實體操作，讓幼兒透過實驗、實際操作、測量、遊戲及研究問題解決方法來達到學習效果。STEM的跨領域特色顯現於「小米大風吹」及「排灣族大力士」的活動。在「小米大風吹」的脫穗活動中，加入了科學與數學，讓脫穗不僅僅只是脫穗而已，也能觀察到風力以及學會如何秤量小米。而在脫穗前，需要將小米運回脫穗的地點，透過「排灣族大力士」活動，讓幼兒找出最輕鬆搬運的方法，也就是槓桿原理的學習，同時也讓幼兒體驗到搬運小米的辛苦。

三　排灣族五年祭跨領域主題課程（朱晨華設計）

　　設計理念的主軸圍繞於排灣族「五年祭」的活動內容，藉由仿效活動儀式，讓幼兒透過真實體驗下，認識排灣族在地文化的傳統祭儀，一同與部落

享受歡慶盛典。

（一）教學設計

1　跨領域主題網

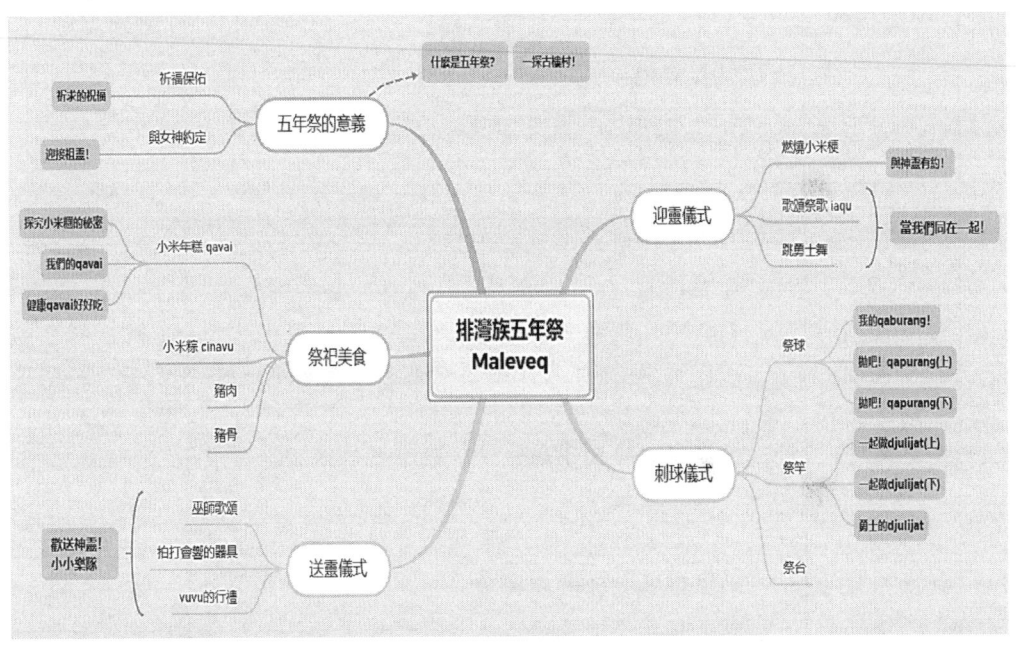

2　教學目標

（1）從實際動手體驗中，認識排灣族的五年祭活動。
（2）藉由想像與創作，將創新與傳統結合。
（3）從祭典文化中取材並藉由實驗，認識科學原理。

3　**教學活動**

活動1					
主題名稱	排灣族五年祭	活動名稱	什麼是五年祭？	年齡	大班
課程目標	認-2-3　整理文化產物訊息間的關係 語-2-5　運用圖像符號				
學習指標	教學活動			教學資源	
語-大-2-5-2 運用自創圖像符號標示空間、物件或記錄行動 認-大-2-3-3 與他人討論生活物件與生活的關係	一　引起動機 　1.教師提出問題。 　　「排灣族重大的祭典有哪些？」 　　「五年祭通常都是什麼時候舉行？」 　　「為什麼要慶祝五年祭？」 二　發展活動 　1.教師先請幼兒分組（5-6人），每一組代表一「家族」，並為此家族命名，此教案以小組進行活動。 　2.發下海報請小組記錄，幼兒認為的五年祭會是什麼模樣或做什麼事情。 　　「五年祭時，你們家通常會做什麼事情嗎？跟誰？有什麼新發現？」 　　「在五年祭慶典裡，會有什麼活動？」 　3.邀請小組分享海報內容，其他小組觀察各組答案，並圈出相似處。 　4.播放祭典短片，解答部落裡的人通常在祭典中會做的事情及流程。 三　綜合活動 　1.邀請幼兒分享觀後心得並提出問題。 　　「從影片中發現到了什麼？」 　　「最令人印象深刻的畫面是？為什麼？」 　　「祭典中，人們做了哪些事情？」			海報、彩色筆、簽字筆、蠟筆 影片、投影幕、喇叭、電腦	

	2.預告明日參訪屏東縣來義鄉的古樓村	
附件	• 影片：屏東排灣族古樓五年祭　臺北市部落大學校外文化採集 https://www.youtube.com/watch?v=DLMCe_Wj0WE	

活動2

主題名稱	排灣族五年祭	活動名稱	一探古樓村！	年齡	大班
課程目標	社-1-5　探索自己與生活環境中人事物的關係 美-1-2　運用五官感受生活環境中各種形式的美					
學習指標	教學活動				教學資源
社-大-1-5-1 探索社區中的人事物、活動、場所及其與自己的關係 美-大-1-2-1 探索生活環境中事物的色彩、形體、質地的美，感受其中的差異	一　引起動機 　　1.教師提醒參訪前的注意事項。（注意安全、有禮貌、隨身物品） 　　2.教師預告參訪的觀察重點。 二　發展活動 　　1.將全班分為兩組，教師一人帶一組，邀請古樓村工作人員引導幼兒參訪古樓部落。 　　　（迎靈儀式、刺球儀式、送靈儀式） 　　　（古樓五年祭場、來義鄉原住民文物館） 　　2.教師與幼兒進行團討。 　　　「剛在古樓村內體驗到了什麼？」 　　　「五年祭祭典中有哪些儀式？」 　　　「建築物上有什麼特別的地方？」 　　3.教師發下學習單，請幼兒記錄參訪的內容。 　　　「最令你印象深刻的部分是什麼？」 　　　「你有什麼新發現？」 　　4.記錄完成者可先與同學、教師分享心得。 三　綜合活動 　　1.請幼兒把學習單帶回家，跟家長分享今日的參訪心得與介紹幼兒記錄的內容，家長聽完				學習單

		分享後，在空格處填寫回饋，隔日再繳回給教師。 2.預告明日要聽幼兒講述家長們的回饋。	
備註	• 先以參訪五年祭活動內容為主		
附件	一探古樓村！ 我在古樓村最印象深刻的是……		

活動3					
主題名稱	排灣族五年祭	活動名稱	迎接祖靈！	年齡	大班
課程目標	美-3-2　欣賞藝術創作或展演活動，回應個人的看法				
學習指標	教學活動				教學資源
美-大-3-2-3 欣賞戲劇表現，依個人偏好說明其	一、引起動機 　1.請幼兒分享昨日家長的回饋。（5名） 　2.複習昨天參訪的內容。 二、發展活動 　1.教師運用棒偶演出迎靈儀式小短劇。 　「傳說以前的祖先農耕不利，日子不是非常順遂好過的，天上的女神Drenerh幫助了祖先，向女神學習農耕與祭儀等以祈求五穀豐				棒偶

內容與特色	收與獲得祝福，從那刻起，祖先與女神約定，以燃燒小米梗為橋梁，邀請女神下凡人間定時接受部落的獻祭。」 2.短劇結束後，教師提出問題請幼兒構思。 「如果身邊沒有小米梗，那還有什麼方法能夠提醒女神下凡人間？」 （敲東西、放風箏、用叫聲、按喇叭……等） 3.請幼兒運用【教室內的物品】而創作與神靈溝通的方法。 4.教師帶至操場讓幼兒去實驗。 三、綜合活動 1.教師總結幼兒的實驗方法。 2.預告明日進行小米梗燃燒實驗。	

活動4

主題名稱	排灣族五年祭	活動名稱	與神靈有約！	年齡	大班
課程目標	認-2-2　整理自然現象訊息間的關係					
科學概念	認識可燃與不可燃物					
學習指標	教學活動				教學資源	
	一、引起動機 1.教師提供情境並提出問題。 「五年祭即將來臨，進行儀式前，我們需要先請示天上的神靈，請祂們降下人間，接受與參與我們的獻祭。」 二、發展活動 1.教師找尋一空地燃燒小米梗，並先請幼兒觀察火焰、煙、氣味等變化。 「為什麼燃燒小米梗會產生煙？」					

認-大-2-2-2 與他人討論自然現象特徵間的關係	「怎麼樣能夠再讓煙傳遞得更遠更長，讓神靈更清楚知道我們的訊息？」 3.教師分別在兩小堆處燃燒小米梗，請幼兒實測，並提供以下材料。 　A.可燃物：樹枝、落葉、紙、麻繩、棉布 　B.不可燃物：沙土、小石子 　將幼兒分為A、B組，A、B組分別投入材料於火焰堆中，並觀察與計時。 （1）可燃物與不可燃物分別投入於小米梗的火堆中，火焰、氣味、煙有什麼改變嗎？ （2）可燃物與不可燃物分別投入於小米梗的火堆中，分別耗時多久才燃燒殆盡？ 【驗證含有可燃物質組比含有不可燃物質組燃燒得更旺及更久】 三、綜合活動 1.教師總結幼兒的實測結果並回饋。 2.預告明日部落的vuvu會來班級教學。	小米梗、樹枝、落葉、紙、麻繩、棉布、沙土、小石子
備註	● 附加宣導用火安全注意事項	

活動5					
主題名稱	排灣族五年祭	活動名稱	當我們同在一起！	年齡	大班
課程目標	美-2-2　運用各種形式的藝術媒介進行創作				
學習指標	教學活動			教學資源	
	一、引起動機 1.回顧昨日燃燒實驗。 2.教師提出迎靈儀式的問題。 　「在燃燒小米梗的時候，旁邊的我們該做什麼？」				

美-中-2-2-3 以哼唱、打擊樂器或身體動作反應聽到的旋律或節奏	二、發展活動 1.邀請vuvu教唱「祭歌」與勇士舞 　　男生──勇士舞 　　女生──唱祭歌 2.練習迎靈儀式的圈圈隊形與流程。 3.幼兒向vuvu提出提問五年祭相關問題。（想一想） 三、綜合活動 1.教師統整今天的教學。 2.轉銜／空餘時間可以多多練習。 3.預告下週製作藤球（刺球儀式）。	音響

活動6					
主題名稱	排灣族五年祭	活動名稱	我的qaburang！	年齡	大班
課程目標	身-1-2　模仿各種用具的操作				
學習指標	教學活動			教學資源	
身-大-1-2-2 覺察手眼協調的精細動作	一、引起動機 1.回顧上週迎靈儀式流程。 2.教師拿出自製藤球並提問 　「刺球的含意是什麼？」（獲得祝福） 　「藤球是用什麼材質製作的？」 二、發展活動 1.教師發下紙藤請幼兒自製藤球 　• 藤球製作：取一長藤以三個手指寬打一個結，打數個結後，開始纏繞成球狀，一個拳頭大小，打結的藤集中在中間緊實，結跟結之間的藤找空隙處卡入，直到沒有結的地方穿過洞打最後的結。（要留長長的尾巴）（教師在旁適時協助） 三、綜合活動			藤球 紙藤	

附件	1.教師總結並協助作品展示。 2.請幼兒分享製作藤球的心得感受。 3.預告明日進行藤球的科學實驗。

活動7

主題名稱	排灣族五年祭	活動名稱	拋吧！qapurang（上）	年齡	大班
科學概念	力					
課程目標	認-1-1　蒐集生活環境中的數學訊息					
學習指標	教學活動				教學資源	

	教學活動	教學資源
	一　引起動機 1.教師拿出藤球並向幼兒提問。 　「為什麼藤球後面會有長長的尾巴？（拋比較高／省力） 　「怎麼拋才能讓藤球拋得比較高？」 二　發展活動 1.教師拿出昨日已完成的藤球，讓幼兒嘗試拋球，並說出感受。 　「用什麼方式拋，會比較高？」 　「用什麼方式拋，不高且費力？」 2.實測有尾巴與沒有尾巴的藤球之拋球的高度差異 　（記錄球拋的高度：先在藤球上綁上細線，	藤球 藤球、細線、尺、麥克筆、紙、

認-大-1-1-5 運用標準單位測量自然現象或文化產物特徵的訊息	球被拋出後，細線也被拉出，拉越長代表拋得越高） 3.發下空白紙與彩色筆請幼兒測量與記錄。 「有尾巴與沒有尾巴的藤球，拋出的距離各為幾公分？」 「哪種藤球拋得比較高，為什麼？」 【驗證拋球高度：有尾巴的藤球＞沒有尾巴的藤球】 三、綜合活動 1.教師總結幼兒的實測結果並提出疑問。 「今天學到的科學發現是什麼？」 「除了紙藤外，還有什麼材料能製作藤球？」 2.預告明日進行第二個藤球實驗。	彩色筆
備註	【科學原理】當使用有尾巴的藤球甩繩時，由後往前拋出，球擺動的路徑較長，作的功就越多，產生速度就越快，球才飛得比較高。當使用沒有尾巴的藤球甩繩時，球擺動的路徑較短，沒辦法拋得比較高。	
教案設計參考來源	科學小原子 #44 排灣族 藤球01 https://www.youtube.com/watch?v=GY0NHg55DyE	

活動8

主題名稱	排灣族五年祭	活動名稱	拋吧！qapurang（下）	年齡	大班
科學概念	空氣阻力				
課程目標	認-1-1　蒐集生活環境中的數學訊息				
學習指標		教學活動		教學資源	
	一、引起動機 1.教師拿出泡過水與沒泡過水的藤球，請幼兒觀察與試拋，並提出疑問。			藤球*2	

認-大-1-1-5 運用標準單位測量自然現象或文化產物特徵的訊息	「五年祭祭典中，為什麼藤球要泡水？」 「泡過水與沒泡過水的藤球，哪種拋得比較高？」 二 發展活動 　1.實測泡過水與沒泡過水的藤球之拋球高度。 　　（記錄球拋的高度：先在藤球上綁上細線，球被拋出後，細線也被拉出，拉得越長代表拋的越高） 　2.【驗證拋球高度：有泡過水的藤球>沒泡過水的藤球】 　　「有泡過水與沒泡過水的藤球，拋出的距離各為多少公分？」 　　「為什麼泡過水的藤球會比沒泡過水的藤球拋得還高？」（加水變重） 　3.小氣球驗證上述實驗 　　教師準備三個一樣大小的小氣球，請幼兒往上拋拋看（一個沒裝水、一個裝一半的水與一個裝全滿的水） 　4.【驗證重量較輕的球受空氣阻力的影響比較大】 　　「哪個氣球拋得比較高？為什麼？」 三 綜合活動 　1.教師總結幼兒的實測結果並提出疑問。 　　「今天學到的科學發現是什麼？」 　　「除了泡水，還有什麼方式能改良藤球讓它拋得更高？」 　2.預告明日製作祭竿。	細線、捲尺 水球、氣球
備註	科學原理 ● 球體越輕，受空氣阻力影響大；球體越重，受空氣阻力影響小。 ● 藤球增加水之後，球會變重→減少空氣阻力的影響。	

	• 拋球速度越快→空氣阻力越大
教案設計 參考來源	科學小原子 #44 排灣族 藤球02 https://www.youtube.com/watch?v=q5ZDUx1_Kgg&t=45s

活動9					
主題名稱	排灣族五年祭	活動名稱	一起做djulijat（上）	年齡	大班
課程目標	語-2-5　運用圖像符號					
學習指標	教學活動				教學資源
語-大-2-5-2 運用自創圖像符號標示空間、物件或記錄行動	一　引起動機 　1.教師拿出祭竿圖卡並提問。 　2.回顧上週五年祭的影片找尋祭竿與觀賞製作的方法。 　　「祭竿是用什麼材料製成的？」 　　「如何才能讓祭竿好拿又能刺準祭球？」 二　發展活動 　1.小組先建構祭竿的理想樣子，繪製草稿圖。 　　（多長？多寬？想要增加什麼東西？） 　2.教師邀請製作祭竿的長老／師傅講解帶領幼兒採集「竹子」以當祭竿材料。 　　（製作方法、使用規範、危險性） 三　綜合活動 　1.邀請小組分享祭竿草稿圖及製作理念。 　2.預告明日製作祭竿。				圖卡、影片 海報、彩色筆、竹子
備註	• 為防範幼兒安全，祭竿最上端的尖銳處可保留，其餘竹籤的尖端，教師協助磨平。				

活動10					
主題名稱	排灣族五年祭	活動名稱	一起做djulijat（下）	年齡	大班
課程目標	身-2-2　熟練各種用具的操作				
學習指標	教學活動			教學資源	
身-大-2-2-1 敏捷使用各種素材、工具或器材	一　引起動機 　1.回顧昨日小組分享的祭竿計畫。 二　發展活動 　1.小組進行實作，教師特別注意使用器具的危險性。 　2.教師協助竹子連結處製作。 三　綜合活動 　1.邀請各小組分享製作的祭竿並提出疑問。 　「在製作過程中最為印象深刻的地方？」 　2.預告明日準備邀請卡。			大刀、竹子、砂紙	

活動11					
主題名稱	排灣族五年祭	活動名稱	祈求的祝福	年齡	大班
課程目標	社-2-2　同理他人，並與他人互動				
學習指標	教學活動			教學資源	
社-中-2-2-1	一　引起動機 　1.回顧本週製作的藤球與祭竿，準備的刺球儀式。 　2.「五年祭主要意義為祭祀祖靈，祂們會帶著不同的祝福巡視部落，把福報傳遞給人民，如果是你，你想祈求什麼祝福？」 　「想想從第一天入班級後，到現在自己有什麼改變，什麼地方變得更好了？」 二　發展活動				

表達自己並願意聆聽他人想法	1. 請幼兒兩兩一組，向對方描述想祈求的祝福。（健康平安、長高高、變聰明） 2. 教師發下卡片，請幼兒畫下剛分享的祝福語或自己想改進／變更好的地方。 三、綜合活動 1. 邀請幼兒分享所畫的卡片及祈求的祝福。 2. 教師協助將卡片掛在班級內串聯在一起。 3. 預告下週準備送靈儀式。	卡片、筆

活動12					
主題名稱	排灣族五年祭	活動名稱	歡送神靈！	年齡	大班
課程目標	語-2-5　運用圖像符號				
學習指標	教學活動				教學資源
語-大-2-5-2 運用自創圖像符號標示空間、物件或記錄行動	一、引起動機 1. 教師先播放送靈儀式的小短片。 　「刺球儀式結束後，需要送走惡靈，女巫要唸著咒語，請祂們先離開。同時也感謝善靈給我們的福報，謝謝祂們守護我們。」 　「送走惡靈時，家家戶戶要敲響會有聲音的器具。」 二、發展活動 1. 選出1名幼兒擔任女巫。「感謝善靈的留下，給我們祈福好運，也謝謝惡靈的光臨，請祂們先回去。」 2. 團體討論 　幼兒提出最想製作的樂器並分組。 　（響板組、小鼓組、沙槌組） 3. 由幼兒決定想去哪一組後，小組自行規劃製作的材料與方法，並填入學習單中。 　（每一位幼兒都要製作樂器，材料需統一）				學習單

	4.填完後，與教師討論可行性，引導幼兒盡量使用教室內已有的物品。 三、綜合活動 　1.各小組分享自製樂器的規劃表。 　2.預告明日製作樂器與模擬送靈儀式。	
附件	• 來義古樓　五年祭　Pisau送靈　女巫師儀式 　https://www.youtube.com/watch?v=hBE7BWJuWQA • 簡單的DIY樂器 　https://zi.media/@yidianzixun/post/5DYXT6 歡送神靈！ 我是哪一組：＿＿＿＿＿＿＿ 需要的材料： 製作的方法：	

活動13

主題名稱	排灣族五年祭	活動名稱	小小樂隊	年齡	大班
課程目標	美-2-2　運用各種形式的藝術媒介進行創作					
學習指標	教學活動				教學資源

一、引起動機
　1.回顧昨日規劃表，並準備製作。

排灣族文化跨領域學習之主題課程思考與設計 ❖ 197

美-大-2-2-1 運用各種視覺藝術素材與工具的特性，進行創作	二　發展活動 1.教師發下材料，各小組進行創作。 　（響板組、小鼓組、沙槌組） 2.全班完成後至操場練習送靈儀式 　● 女巫唸咒語：改由祝福語 　● 送靈儀式：敲響樂器 　● 歡慶歌舞：祭歌、跳舞 3.vuvu的行禮 　由教師擔任vuvu到家族送禮（小包包、筆記本）以犒賞幼兒。 三　綜合活動 1.請幼兒上臺講述今日心得與感想。 2.預告明日是小米糰實驗。	紙板、杯蓋、膠帶、筷子、鋁罐、湯匙、
附件	簡單的DIY樂器 https://zi.media/@yidianzixun/post/5DYXT6	

活動14					
主題名稱	排灣族五年祭	活動名稱	探究小米糰的秘密	年齡	大班
科學概念	發酵反應				
科學原理	酵母粉：酵母菌在其製作過程中增生，把單醣分解成酒精和二氧化碳氣體，同時產生水和熱量，二氧化碳氣體隨之大量生成，並被麵糰中的麵筋網絡包圍，使之不能逸出，出現了蜂窩組織，使麵糰膨鬆而富有彈性的過程。				
課程目標	認-1-2　蒐集自然現象的訊息				
學習指標	教學活動			教學資源	
	一　引起動機 1.教師拿出小米粉和已發酵的小米糰，請幼兒觀察差異及觸摸。 「摸起來跟看起來的差異在哪裡？」			小米糰	

	「有什麼方法能讓小米變小米糰？」 二 發展活動 教師將班上分為小組進行。 【測量單位：一匙】 （一）實測小米粉有無加酵母粉的差異 1.教師提供兩碗固定量的小米粉，一碗不加酵母粉、另一碗加酵母粉。 2.要加酵母粉的那碗，小組自行決定酵母粉的匙量並記錄。	小米粉、酵母粉、碗、湯匙
認-大-1-2-3 以圖像或符號記錄自然現象的多項訊息	3.固定5分鐘／10分鐘／15分鐘／30分鐘，記錄膨脹程度（畫畫、測量直徑公分數）。 【驗證加了酵母粉的小米糰會比未加酵母粉的小米糰發酵得還快】 「各組的小米糰各加了幾匙的酵母粉？」 「各組的小米糰在各段時間內的發酵程度為何？」 （二）實測不同匙的小米粉與不同匙的酵母粉之發酵反應的差異 　　教師提供小米粉、酵母粉，請幼兒自行決定匙量並記錄。 1.固定5分鐘／10分鐘／15分鐘／30分鐘，記錄膨脹程度（畫畫、測量直徑公分數）。 2.實測完畢後，將小米糰放置前臺，各組觀察外型的差異、味道、形狀、大小等。 「各組的小米糰各加了幾匙的小米粉與酵母粉？」 「與別組小米糰的差異在哪？為什麼？」 （觸感、大小、形狀、味道） 「聞起來為何？有酸味嗎？會想怎麼改良呢？」 三 綜合活動	紙、彩色筆、尺

| | 1.教師總結幼兒的實測結果並提出反思。
「除了加酵母粉以外，有其他方式能使小米發酵嗎？」（長時間泡水、邊加水邊搗）
「想想看，生活中還有什麼東西含有發酵反應？（饅頭、包子、油條）」
2.預告明日討論qavai製作 | |

活動15					
主題名稱	排灣族五年祭	活動名稱	我們的qavai	年齡	大班
課程目標	社-2-2　同理他人，並與他人互動				
學習指標	教學活動				教學資源
社-大-2-2-3 考量自己與他人的能力和興趣，和他人分工合作	一　引起動機 　1.回顧昨日小米糰實驗。 　2.教師拿出已完成的qavai並剖面展示 　「小米年糕的材料有哪些？」（小米、五花肉、月桃葉） 　「小米年糕怎麼製成的？」 二　發展活動 　1.小米年糕餡料只有五花肉，營養尚未均衡。 　2.請幼兒分小組規劃「健康」qavai食譜並分工。（以可直接蒸煮的食材為主） 　（工作：帶菜、洗菜、切菜） 　3.請小組回家準備健康食材，隔天團討分享，並說明原因及對身體帶來的好處。 三　綜合活動 　1.預告明日製作qavai。 　2.複習迎靈、送靈儀式。				小米年糕 海報、白板筆
備註	在活動前，教師先告知家長們有此項活動並協助幫忙。				

活動16					
主題名稱	排灣族五年祭	活動名稱	健康qavai好好吃	年齡	大班
課程目標	語-2-2　以口語參與互動 身-1-3　覺察與模仿健康行為及安全的動作					
學習指標	教學活動				教學資源
語-中-2-2-2 以清晰的口語表達想法 身-大-1-3-2 辨識食物的安全，並選擇均衡營養的飲食	一、引起動機 　1.回顧迎靈、刺球、送靈儀式。 二、發展活動 　1.小組分享qavai健康食譜。 　　「為什麼選用這食材當餡料？」 　　「這食材帶給身體的好處是什麼？」 　　「小組分工怎麼分配？」 　2.小米年糕製作。 　　（1）清洗豬肉、月桃葉後瀝乾 　　（2）拿出小米糰 　　（3）小米糰攤在月桃葉上，內餡包入小米糰內，月桃葉將整體包覆住 　　（4）蒸煮後食用 　3.各組取1、2個試吃，剩下明日五年祭後享用。 三、綜合活動 　1.小組製作與試吃後的心得分享。 　2.預告明日慶祝我們的五年祭。				豬肉、月桃葉、小米年糕、綁繩 電鍋
附件					
備註	五年祭成果發表會 【迎靈儀式→刺球儀式→送靈儀式→享用qavai】				

（二）教材設計（含學習單）

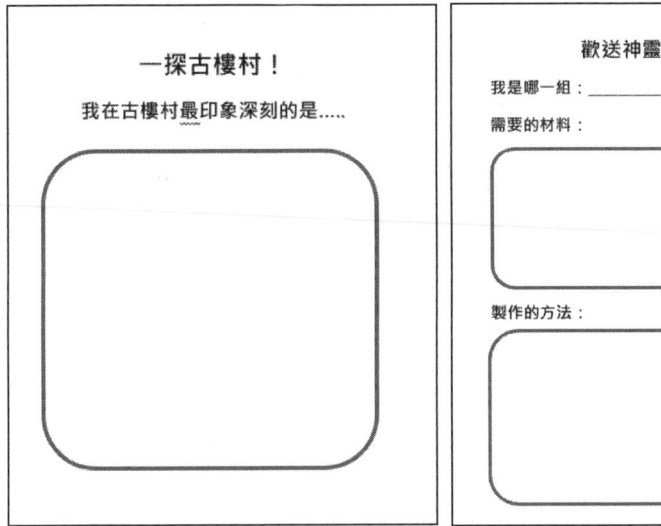
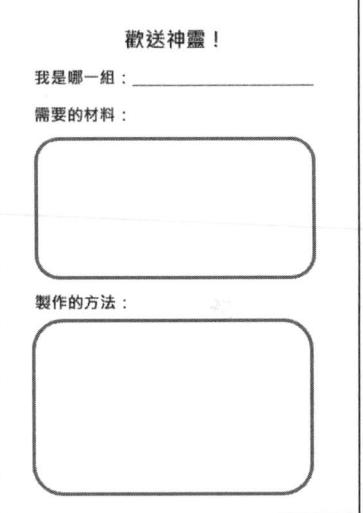

（三）課程設計參考資料／網站

1. MIT臺灣誌 #399 東日訪春日 熱鬧排灣五年祭
   https://www.youtube.com/watch?v=IGz11hoLw-Q
2. 屏東縣來義鄉公所
   https://www.pthg.gov.tw/laiyi/Default.aspx
3. 流傳著家族的記憶 排灣族vuvu小米私房料理
   https://www.agriharvest.tw/archives/60175
4. 屏東旅遊──來義鄉排灣族五年祭介紹
   https://ksdelicacy.pixnet.net/blog/post/56353275
5. 原住民族文獻
   https://ihc.cip.gov.tw/
6. 科學小原子 #44 排灣族 籐球01
   https://www.youtube.com/watch?v=GY0NHg55DyE

7 科學小原子 #44 排灣族 藤球02
https://www.youtube.com/watch?v=q5ZDUx1_Kgg&t=45s

四 太陽的孩子跨領域主題課程（宋芳真設計）

此項課程的設計理念，是希望幼兒透過課程活動認識排灣族文化並探索生活中的科學與數學。

（一）教學設計

1 跨領域主題網

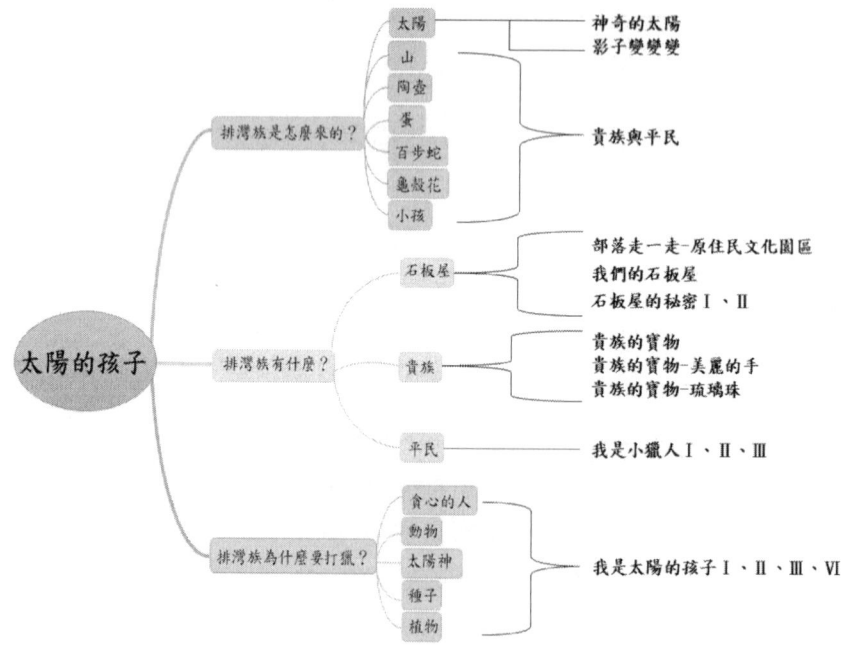

2 教學目標

(1) 透過排灣族傳說故事，加深幼兒對於排灣族文化的認識。

(2) 透過結合文化的科學活動，提升幼兒對於探索科學與數學的興趣。

(3) 透過戲劇活動，幫助幼兒更加認識排灣族的文化意義及由來。

3 教學活動

活動1					
主題名稱	太陽的孩子	活動名稱	誰是太陽的孩子	年齡	大班
課程目標	語-1-4　理解生活環境中的圖像符號				
學習指標	教學活動			教學資源	
語-大-1-4-2 知道能使用圖像記錄與說明	一、引起動機 　　播放動畫「太陽的孩子」和「臺灣的原住民族——排灣族——圖像式解說故事動畫」後和幼兒討論影片中看到什麼？ 二、發展活動 　1.請幼兒將動畫中印象深刻的畫面或事物記錄下來。 　2.請幼兒分享自己的記錄。 　3.和幼兒討論 　　Q1：要怎麼把我們的記錄分類？ 　　Q2：為什麼要這樣分類？ 三、綜合活動 　　和幼兒一起將答案統整成我們的主題網。			影片、投影設備、電腦 紙、筆 白板、白板筆	

活動2

主題名稱	太陽的孩子	活動名稱	神奇的太陽	年齡	大班
課程目標	認-1-2　蒐集自然現象的訊息					
學習指標	教學活動				教學資源
認-大-1-2-2 觀察自然現象特徵的變化	一、引起動機 　老師在不同時段帶幼兒到戶外觀察太陽，並和幼兒討論 　　Q1：太陽是什麼顏色？ 　　Q2：太陽還有沒有可能變成不同顏色？ 二、發展活動 　1.老師和幼兒討論過後，和幼兒一起嘗試讓太陽改變的方法。 　2.老師可以事先準備太陽眼鏡、各種顏色的玻璃紙、光碟片……等，提供幼兒自由探索太陽的變化。 　3.請幼兒將觀察到的顏色記錄下來，並將結果分類。 三、綜合活動 　和幼兒討論他們所觀察到的結果，並請幼兒分享自己的發現。				白板、白板筆 太陽眼鏡、各種顏色的玻璃紙、光碟片、紙、筆

活動3

主題名稱	太陽的孩子	活動名稱	影子變變變	年齡	大班
課程目標	認-2-2　整理自然現象訊息間的關係					
學習指標	教學活動				教學資源
	一、引起動機 　老師帶孩子到戶外，找找看在哪裡發現了影子？ 二、發展活動				

認-大-2-2-3 與他人討論自然現象的變化與生活的關係	1.老師和幼兒討論 　Q1：為什麼會有影子？ 　Q2：要怎麼樣做才可以讓影子改變大小？ 2.當孩子探索出可以讓影子改變的辦法後，請孩子猜猜看，覺得一天當中，什麼時候影子會最長？什麼時候最短？ 3.請孩子在不同時段到戶外觀察自己的影子，並將長度記錄下來。 三　綜合活動 　和幼兒討論他們觀察到的結果，並請幼兒分享自己的發現。	紙、筆

活動4					
主題名稱	太陽的孩子	活動名稱	貴族與平民	年齡	大班
課程目標	語-2-2　以口語參與互動 語-2-3　敘說生活經驗				
學習指標	教學活動			教學資源	
語-大-2-2-3 在團體互動情境中參與討論	一　引起動機 　老師運用棒偶劇場，回顧貴族和平民的傳說故事。 二　發展活動 　1.觀賞影片「臺灣的原住民族──排灣族──圖像式解說故事動畫」 　2.看完影片，和幼兒統整出他們看到的貴族和平民的不同之處和相同之處。 　Q1：貴族跟平民的衣服哪裡不一樣？ 　Q2：貴族跟平民的工作是什麼？ 　Q3：貴族跟平民的房子可以怎麼分辨？ 　Q4：貴族跟平民還有沒有哪裡不一樣？ 　Q5：貴族跟平民有沒有哪裡一樣呢？			棒偶劇場 影片、投影設備、電腦	

語-大-2-3-2 說出簡單的因果關係	3.分兩組進行圖卡配對的遊戲　　先將幼兒分成貴族與平民兩組，老師將準備好的圖卡（服飾、石板屋、工作等）擺放在前面，幼兒要拿屬於自己身分的圖卡，並向大家介紹為什麼自己是拿這張圖卡。玩過一輪之後再交換身分。 三　綜合活動 　1.老師和幼兒討論剛剛遊戲中有沒有發現什麼？是不是有些圖卡兩種身分都可以拿？和孩子說明，圖卡一樣是因為我們都是太陽的孩子，都是排灣族人，只是身分有所不同，而且身分是在一出生就決定的。 　2.預告下次要參觀原住民文化園區。	圖卡	

活動5					
主題名稱	太陽的孩子	活動名稱	部落走一走原住民文化園區	年齡	大班
課程目標	社-1-6　認識生活環境中文化的多元現象				
學習指標	教學活動			教學資源	
社-大-1-6-2 認識生活環境中不同族群的文化特色	一　引起動機　　老師先準備一些園區中的照片和幼兒分享，我們去園區可能會看到什麼，並和幼兒討論哪些是我們主題網中出現的特色？ 二　發展活動 　1.邀請園區中的導覽員和我們介紹石板屋的特色。例如：雕刻代表的意義、身分不同的差異、石板屋的由來。 　2.幼兒進行觀察記錄，將自己觀察到的特色畫在學習單上。 三　綜合活動			照片 學習單、筆	

排灣族文化跨領域學習之主題課程思考與設計 ❖ 207

| | | 回到學校後，分享觀察到的特色所代表的意義，並預告我們要來建造自己的小型石板屋。 | |

活動6					
主題名稱	太陽的孩子	活動名稱	我們的石板屋	年齡	大班
課程目標	美-2-2　運用各種形式的藝術媒介進行創作				
學習指標	教學活動			教學資源	
美-大-2-2-1 運用各種視覺藝術素材與工具的特性，進行創作	一　引起動機 　　回顧去部落中觀察石板屋的活動，和幼兒討論。 　　　Q1：石板屋有什麼特色？ 　　　Q2：為什麼排灣族要用石板搭建房屋？ 二　發展活動 　1.老師和幼兒討論如果我們是小小族人 　　　Q1：建造石板屋之前要先準備什麼？ 　　　Q2：需要先畫設計圖嗎？ 　2.請幼兒分組畫石板屋設計圖。 三　綜合活動 　　和幼兒討論畫設計圖的過程中有沒有遇到什麼困難，並請幼兒分享每一組的設計圖。			圖畫紙、繪畫工具	

活動7					
主題名稱	太陽的孩子	活動名稱	石板屋的秘密I	年齡	大班
課程目標	身-2-2　熟練各種用具的操作				
學習指標	教學活動			教學資源	
	一　引起動機 　　回顧上次畫好的設計圖，並討論要怎麼做？				

	二、發展活動	
身-大-2-2-1 敏捷使用各種素材、工具或器材	1. 老師和幼兒討論 　　Q：可以用什麼來搭建自己的小型石板屋？ 2. 和幼兒一起準備、蒐集搭建小型石板屋的材料，請幼兒嘗試搭建出自己的石板屋。 3. 嘗試過後和幼兒討論 　　Q1：為什麼我們的石板屋會一直倒？ 　　Q2：怎麼樣可以讓蓋好的石板屋不會倒掉？ 三、綜合活動 　　和幼兒討論搭建的過程中遇到什麼困難，並請幼兒分享自己的發現。	搭建材料

活動8

主題名稱	太陽的孩子	活動名稱	石板屋的秘密Ⅱ	年齡	大班
課程目標	認-3-1　與他人合作解決生活環境中的問題					
學習指標	教學活動				教學資源
認-大-3-1-1 與同伴討論解決問題的方法，並與他人合作實際執行	一、引起動機 　　和幼兒回顧搭建小型石板屋時遇到的困難，並討論其原因。 二、發展活動 1. 針對幼兒遇到的困難，引導幼兒嘗試探索石板屋的結構。 2. 和幼兒討論 　　Q1：為什麼我們的石板屋一直會倒？ 　　Q2：支撐的東西夠嗎？ 　　Q3：可以用什麼東西撐住石板屋？ 　　Q4：支撐的東西要蓋在哪裡？ 3. 幼兒對於結構力學如果沒有足夠的舊經驗，				白板、白板筆

		可以再次參觀園區的石板屋，請孩子觀察石板屋站起來的秘密。 4.引導向園區的導覽員提問，增加幼兒的經驗，繼續探索搭建小型石板屋。	搭建材料
	三	綜合活動 1.分享搭建石板屋時做的調整，和調整前後的改變，發現了什麼？ 2.和幼兒討論為什麼我們要蓋石板屋？ 3.蓋完小的石板屋有什麼發現？ 4.預告下次有部落的耆老會來跟我們說故事。	

活動9					
主題名稱	太陽的孩子	活動名稱	貴族的寶物	年齡	大班
課程目標	社-1-6　認識生活環境中文化的多元現象				
學習指標	教學活動				教學資源
社-大-1-6-2 認識生活環境中不同族群的文化特色	一　引起動機 　　繪本說演《說故事的手》。 二　發展活動 　　1.和幼兒討論紋手是排灣族什麼身分才可以做的事情？ 　　　複習還有什麼是只有貴族才會有的東西？ 　　2.邀請部落中的耆老和我們說紋手的故事和介紹不同圖騰所代表的意義。 　　3.邀請部落中的耆老和我們分享貴族的寶物除了紋手還有什麼？ 　　4.幼兒向耆老提問，希望耆老可以帶給幼兒更多關於排灣族的故事。 三　綜合活動 　　1.分享耆老來班上說故事，印象最深刻的部分是什麼？為什麼？				繪本

		2.預告下次要去參觀原住民文化園區，去找找看貴族的寶物。	

活動10					
主題名稱	太陽的孩子	活動名稱	貴族的寶物——美麗的手	年齡	大班
課程目標	社-1-6　認識生活環境中文化的多元現象					
學習指標	教學活動				教學資源
社-大-1-6-2 認識生活環境中不同族群的文化特色	一　引起動機 　　回顧上次耆老來說故事給我們聽，並說明接下來參觀的注意事項。 二　發展活動 　　1.老師先簡單說明手紋的意義。 　　　手紋：對排灣族而言不僅是美的表現更是貴族階層的象徵性特權。因為紋手有助於提升個人的社會地位，並且可以嫁給貴族階級，所以紋手是尊貴榮耀的象徵。 　　2.讓幼兒實際體驗紋手活動。 　　3.邀請體驗人員向幼兒說明紋手的傳統習俗和圖騰意義。 　　4.回到學校後請幼兒將自己手上的圖騰記錄在學習單上。 三　綜合活動 　　1.邀請幼兒跟大家分享體驗活動的心情，還有自己的圖騰和意義。 　　2.預告下次要再去原住民文化園區尋找另一個貴族的寶物。				學習單、筆
附件	紋手體驗時間：全天候 　上午時段：09：00-12：00；下午時段：13：00-16：30 　　場地：富谷灣區　排灣族瑪家頭目住家				

活動11					
主題名稱	太陽的孩子	活動名稱	貴族的寶物——琉璃珠	年齡	大班
課程目標	美-1-2　運用五官感受生活環境中各種形式的美				
學習指標	教學活動				教學資源
美-大-1-2-1 探索生活環境中事物的色彩、形體、質地的美，感受其中的差異	一　引起動機 　　回顧上次去原住民文化園區體驗紋手的活動，並說明接下來參觀的注意事項。 二　發展活動 　1.老師先簡單說明琉璃珠的意義。 　　琉璃珠：族人深深相信，琉璃珠是祖先賜給族人最之珍貴的禮物，它象徵尊貴、榮美，更代表持有著的身分、權利和地位，琉璃珠以顏色、材質、形式、大小及配帶，都具有不同的象徵意義。 　2.讓幼兒實際觀察琉璃珠現場製作。 　3.邀請幼兒向製作琉璃珠的族人提問，像是琉璃珠的大小、顏色的不同，對於族人有什麼意義上的不同？ 　4.將觀察到的事物記錄在學習單上。 三　綜合活動 　1.分享參觀琉璃珠製作的發現，並分享自己的觀察記錄。 　2.預告下次我們要來看看排灣族的平民都在做什麼？				學習單、筆
附件	琉璃珠體驗時間：全天候 　上午時段：09：00-12：00；下午時段：13：00-16：30 　場地：富谷灣區　排灣族佳平頭目住家				

活動12					
主題名稱	太陽的孩子	活動名稱	我是小獵人I	年齡	大班
課程目標	身-3-1	應用組合及變化各種動作，享受肢體遊戲的樂趣			
學習指標	教學活動			教學資源	
身-大-3-1-1 與他人合作展現各種創意姿勢與動作的組合	一、引起動機 　　老師和幼兒回顧「臺灣的原住民族──排灣族──圖像式解說故事動畫」中，排灣族平民都在做什麼？ 二、發展活動 　1.老師和幼兒討論如果我們是小獵人，我們可以用什麼工具來狩獵？ 　2.邀請屏東縣來義鄉傳統狩獵文化協會的族人分享排灣族狩獵的方式有哪些？會用到什麼工具？關於狩獵的儀式等等。 　3.聽完族人的分享，和幼兒討論出剛剛聽到的內容。 　4.將幼兒分組進行合作扮演遊戲，嘗試以肢體合作表現出獵人會做的事。 　　例如：射箭、設陷阱、祭山等等。 三、綜合活動 　1.和幼兒討論他們剛剛扮演的遊戲中，印象深刻的部分是什麼？為什麼？ 　　覺得哪個最簡單或最難？為什麼？ 　2.預告下次我們要嘗試製作狩獵工具。 　　並討論想要試試看製作哪些工具？				

活動13					
主題名稱	太陽的孩子	活動名稱	我是小獵人Ⅱ	年齡	大班
課程目標	社-2-2　同理他人，並與他人互動				
學習指標	教學活動			教學資源	
社-大-2-2-3 考量自己與他人的能力和興趣，和他人分工合作	一　引起動機 　　回顧上次邀請狩獵協會的族人來分享的內容。 二　發展活動 　1.我們如果是小獵人，要製作狩獵工具，哪些是我們可以試試看的？ 　2.和幼兒討論出要製作的狩獵工具。 　　例：弓箭、陷阱 　3.並討論要如何製作這些狩獵工具？可能需要哪些材料？ 　4.和幼兒在校園中蒐集可能可以使用的素材。 　5.和幼兒討論如何分組進行工具製作。 　　例：弓箭組、陷阱組 　6.分組進行工具製作。 三　綜合活動 　　和幼兒討論製作過程中遇到的困難，並討論可以如何解決或調整。			製作素材 工具	

活動14					
主題名稱	太陽的孩子	活動名稱	我是小獵人Ⅲ	年齡	大班
課程目標	認-1-1　蒐集生活環境中的數學訊息				
學習指標	教學活動			教學資源	
	一　引起動機 　　回顧上次製作工具時遇到的問題。 二　發展活動				

認-中-1-1-5 運用身邊物件為單位測量文化產物特徵的訊息	1.繼續分組嘗試狩獵工具的製作 2.和幼兒討論我們要怎麼嘗試工具可不可以用？ 3.分組進行工具的使用。 　　弓箭組：嘗試弓箭的距離可以射多遠？ 　　陷阱組：嘗試自製陷阱可不可以捕到獵物？（獵物的重量會不會影響結果） 4.請幼兒將使用的結果記錄下來。 三、綜合活動 　請幼兒分享各組的結果並和幼兒討論有沒有需要調整的地方？可以怎麼改？				學習單、筆

活動15					
主題名稱	太陽的孩子	活動名稱	我是太陽的孩子I	年齡	大班
課程目標	語-1-5　理解圖畫書的內容與功能 語-2-7　編創與演出敘事文本				
學習指標	教學活動				教學資源
語-大-1-5-2 理解故事的角色、情節與主題 語-中-2-7-1 編創情節連貫的故事	一、引起動機 　　說演《太陽底下的排灣王國》，回顧排灣族的故事。 二、發展活動 1.老師和幼兒討論一起準備戲劇演出，邀請家長來觀賞幼兒演出的戲劇故事。 2.劇本創作 　　請幼兒先分享繪本中的故事，再以「排灣族為什麼要打獵？」為主題，由故事接龍的方式，編創我們的劇本。 三、綜合活動 　　分享今天的活動，並預告接下來戲劇演出的活動。				繪本

活動16					
主題名稱	太陽的孩子	活動名稱	我是太陽的孩子Ⅱ	年齡	大班
課程目標	社-2-2　同理他人，並與他人互動				
學習指標	教學活動				教學資源
社-中-2-2-1 表達自己並願意聆聽他人想法	一　引起動機 　　回顧上次我們編創的故事，討論除了劇本還需要準備什麼？ 二　發展活動 　1.和幼兒共同討論角色分配。 　　Q1：我們需要有旁白（說故事的人）嗎？ 　　Q2：我們有哪些角色？ 　2.和幼兒討論道具及場景布置。 　　Q1：故事中有哪些需要的道具？ 　　　（例如：陶壺、石板屋、弓箭……等。） 　　Q2：我們還需要怎麼布置場景？ 三　綜合活動 　　分享今天的活動，並預告接下來戲劇演出的活動。				白板、白板筆 幼兒作品

活動17					
主題名稱	太陽的孩子	活動名稱	我是太陽的孩子Ⅲ	年齡	大班
課程目標	美-2-2　運用各種形式的藝術媒介進行創作				
學習指標	教學活動				教學資源
美-大-2-2-5 運用動作、	一　引起動機 　　回顧上次討論的事項。 二　發展活動 　1.製作道具：分組進行道具製作 　2.準備場景布置：全班一起布置場景				製作材料

玩物或口語，進行扮演	3.練習戲劇演出：全班一起排練 三、綜合活動 分享今天的活動，並預告接下來戲劇演出的活動。	道具

活動18					
主題名稱	太陽的孩子	活動名稱	我是太陽的孩子IV	年齡	大班
課程目標	身-2-1　安全應用身體操控動作，滿足自由活動及與他人合作的需求 語-2-7　編創與演出敘事文本				
學習指標	教學活動				教學資源
身-大-2-1-1 在合作遊戲的情境中練習動作的協調與敏捷 語-大-2-7-1 在扮演情境中依據角色的特質說話與互動	一　引起動機 　　回顧準備好的戲劇演出，和幼兒一同歡迎家長來欣賞我們的演出。 二　發展活動 　　1.正式演出 　　2.邀請家長鼓勵幼兒 三　綜合活動 　　分享今天的演出活動，並和幼兒討論演出時發生的狀況。				演出道具

活動19					
主題名稱	太陽的孩子	活動名稱	小小記錄員	年齡	大班
課程目標	語-2-5運用圖像符號 情-3-1理解自己情緒出現的原因				
學習指標	教學活動			教學資源	
語-大-2-5-1 以圖像表達 情緒與情感 情-大-3-1-2 知道自己在 同一事件中 產生多種情 緒的原因	一、引起動機 　　回顧我們的課程活動，並請幼兒分享自己印 　　象深刻的活動和發現。 二、發展活動 　　1.邀請幼兒將活動中的記錄製作成自己的成 　　　果本。 　　2.畫下活動中印象深刻的部分和當時的心情。 　　3.和大家分享自己的創作及心情。 　　4.和幼兒討論。 　　　Q1：為什麼會出現這樣的情緒？ 　　　Q2：是只有一種心情嗎？ 　　　Q3：還是因為發生什麼事，所以心情不 　　　　　一樣？ 三、綜合活動 　　將成果本展示於成果展示區。			幼兒的記 錄、製作材 料 圖畫紙、繪 畫工具	

（三）教材設計（含學習單）

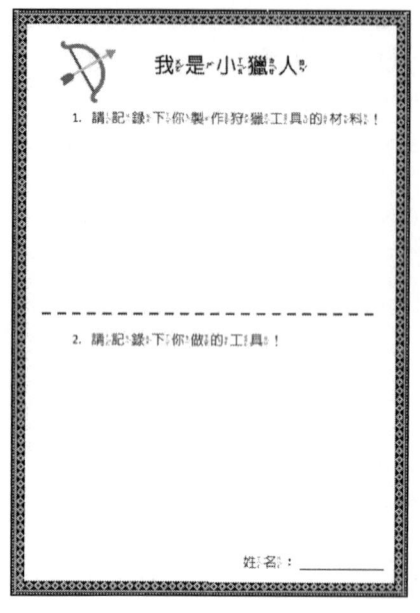

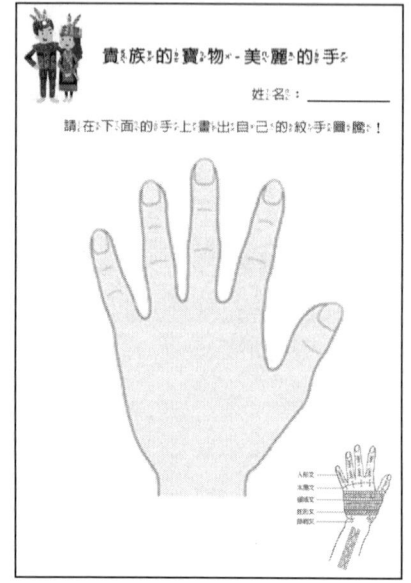
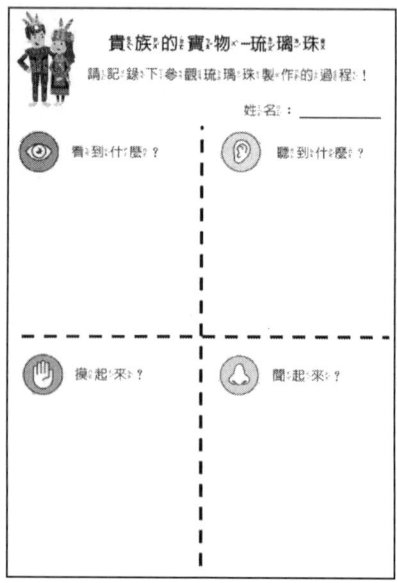

（四）配套教具

「我是太陽的孩子」活動劇場使用的自製棒偶劇場。

 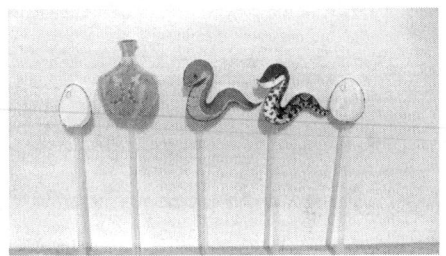

（五）課程設計參考資料／網站

1. 全國幼兒園課程綱要：
   https://syllabusnew.ece.moe.edu.tw/default.aspx?aid=6
2. 認識排灣族：
   http://ici.nutn.edu.tw/%E4%B9%9D%E6%97%8F%E7%B6%B2%E9%A0%81/%E6%8E%92%E7%81%A3%E6%97%8F/%E6%8E%92%E7%81%A3%E6%97%8F.htm
3. 臺灣原住民數位博物館——排灣族——物質文化
   https://www.dmtip.gov.tw/web/page/detail?l1=2&l2=61&l3=28&l4=146
4. 排灣族及魯凱族石板屋聚落——臺灣世界遺產潛力點：
   https://twh.boch.gov.tw/taiwan/intro.aspx?id=16&lang=zh_tw#ad-image-0
5. 影片——太陽的孩子：
   https://youtu.be/RJkuXdLxTkw
6. 臺灣的原住民族——排灣族——圖像式解說故事動畫：
   https://youtu.be/em0G73zaBN8

7. 屏東縣政府原住民處──推薦行程旅遊：
   https://www.pthg.gov.tw/planibp/cp.aspx?n=2DA85677DCD86892&s=6AB822EDE15D3778

8. 說故事的手（精裝）──博客來：
   https://www.books.com.tw/products/0010597141

9. 原住民族委員會原住民族文化發展中心──文化體驗活動：
   https://www.tacp.gov.tw/CulturalPark/ExActivity

10. 屏東縣來義鄉傳統狩獵文化協會：
    https://www.facebook.com/%E5%B1%8F%E6%9D%B1%E7%B8%A3%E4%BE%86%E7%BE%A9%E9%84%89%E5%82%B3%E7%B5%B1%E7%8B%A9%E7%8D%B5%E6%96%87%E5%8C%96%E5%8D%94%E6%9C%83-116287086427331/

11. 太陽底下的排灣王國──GPI政府出版品資訊網：
    https://gpi.culture.tw/books/1009803659

五　小米收穫祭跨領域主題課程（葉芷翎設計）

　　活動設計理念是希望透過實際體驗，讓幼兒更了解屬於排灣族的收穫祭活動。並利用社區資源，邀請專家入園，讓幼兒更認識活動的習俗、禁忌。

（一）教學設計

1　跨領域主題網

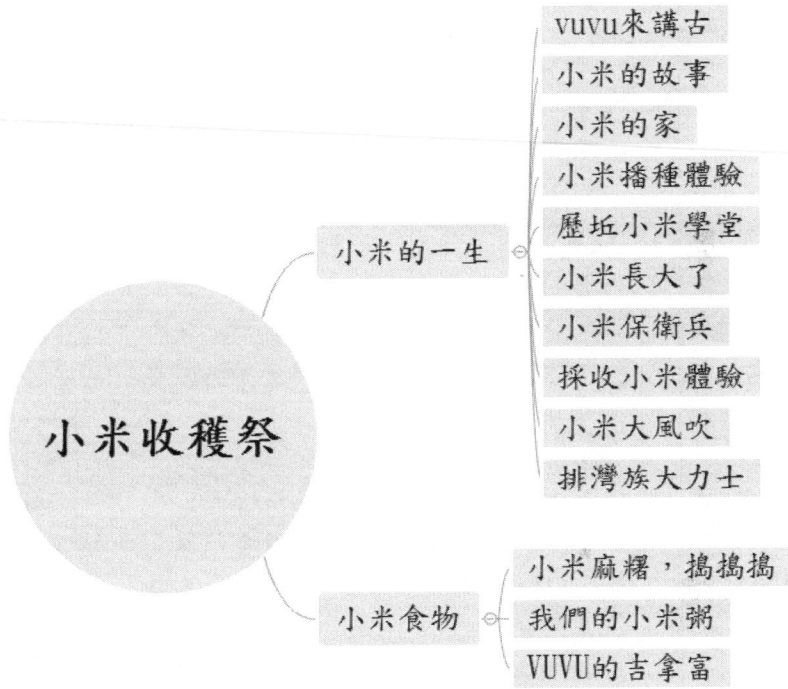

2　教學目標

（1）實際操作體驗，使幼兒更深入了解排灣族文化。
（2）讓幼兒在操作過程中知道科學的概念，使科學跟文化相結合。

3 教學活動

活動1				
課程名稱	小米收穫祭		年齡	大班
學習指標	教學活動			教學資源
語-中-2-2-2 以清晰的口語表達想法 語-大-2-2-2 針對談話內容表達疑問或看法	一、引起動機 　1.觀看影片【桃園原住民族歲時祭儀之排灣族小米收穫祭活動紀實】。 　　https://reurl.cc/0jb29x 二、發展活動 　1.團討 　　Q1：影片中的人在舉行什麼慶典？ 　　Q2：收穫祭會有什麼儀式和活動？ 　　將幼兒答案記錄下來。 　2.分組討論 　　請幼兒分組討論以下問題並記錄。 　　Q1：為什麼我們要舉行收穫祭？ 　　Q2：我們部落收穫祭會做什麼活動？ 　3.上臺分享 　　請各組幼兒上臺分享討論結果，結束後老師做統整。 三、綜合活動 　分享：你最喜歡收穫祭裡的哪項活動？			影音設備 白板 海報紙、彩色筆

活動2			
課程名稱	Vuvu來講古	年齡	大班
學習指標	教學活動	教學資源	
美-大-2-2-6 進行兩人以上的互動扮演	一、引起動機 　1.我們昨天有討論了很多小米收穫祭的活動。 　　Q：那你們知道小米收穫祭的重點角色是誰嗎？ 　　我們今天就邀請vuvu來跟小朋友們講有關「小米」的傳說故事！ 二、發展活動 　1.Vuvu來講古 　　邀請vuvu跟幼兒說小米的傳說故事。 　2.我們的小米劇場 　　（1）討論：角色分配，討論如何演出 　　（2）練習：練習演戲 　　（3）演出：上臺演出 三、綜合活動 　1.小朋友來講古 　　邀請幼兒回家跟爸爸媽媽說今天vuvu講的小米故事。 　2.不一樣的小米故事 　　請爸爸媽媽也跟幼兒講一個小米傳說故事，隔日再請幼兒分享不一樣的小米故事。		

活動3				
課程名稱	小米的故事		年齡	大班
學習指標	教學活動		教學資源	
語-大-2-1-1 運用肢體動作表達經驗或故事 美-大-2-2-2 運用線條、形狀或色彩，進行創作	一 引起動機 　1.昨天老師有請你們回家問爸爸媽媽有關小米的故事，等一下我們邀請想分享的小朋友上臺分享。 二 發展活動 　1.幼兒分享故事 　　請幼兒上臺分享有關小米的故事，可搭配肢體動作。 　2.聽完故事後，邀請幼兒一起找一找這些故事中，有什麼相似的地方。 　3.小米故事書 　　請幼兒把你最喜歡的故事畫成故事書。 三 綜合活動 　1.分享：小米故事書 　　請幼兒上臺分享自己的小米故事書。		白板	

活動4				
課程名稱	小米的家		年齡	大班
學習指標	教學活動		教學資源	
社-大-1-6-1	一 引起動機 　1.團討 　　Q1：我們常常會吃到小米，那你們知道小米怎麼來的嗎？ 　　Q2：在播種前我們需要先幫小米們蓋個家，你們覺得可以怎麼做呢？ 二 發展活動 　1.除草、撿石頭：			

排灣族文化跨領域學習之主題課程思考與設計 ❖ 225

樂於參與各種活動	請幼兒將土裡的石頭撿起來，把雜草拔除。 2.翻土： （1）幼兒翻土：請幼兒拿鋤頭翻土，將土翻軟。 （2）志工家長翻土：幼兒力氣有限，翻土深度可能不夠，邀請志工家長，利用機器翻土，幼兒可在旁觀看。 Q：翻完土之後有什麼不一樣？ 　　讓幼兒觀察、摸摸看有什麼不同。 3.小米的家： 　分成四區後，請幼兒把土堆起來，讓小米有個舒適的地方。	鋤頭 小鐵牛
身-大-1-2-1 覺察各種用具安全的操作技能		
	三　綜合活動 1.分享： 　請幼兒分享今天翻土有遇到什麼困難的事，或是開心的事。	

活動5

課程名稱	小米播種體驗		年齡	大班
學習指標	教學活動		教學資源	
	一　引起動機 1.昨天我們有幫小米蓋了一個舒服的家，今天我們就要邀請小米們入住囉！ 二　發展活動 1.小米播種方法： 　由「小米專家」來教導幼兒如何播種小米。			
社-大-1-6-1				

樂於參與各種活動 認-大-1-3-2 以圖像或符號記錄生活物件的多項訊息	2.播種體驗： 　學會播種方法後，分組開始播種。 3.照顧方式： 　讓小米專家跟幼兒一起討論照顧小米的方式和注意事項，並請幼兒記錄下來。 三　綜合活動 1.學習單：播種&照顧小米 　讓幼兒畫下播種的步驟及如何照顧小米的方法。		種植工具

活動6

課程名稱	歷坵小米學堂	年齡	大班
學習指標	教學活動	教學資源	
社-大-1-6-1 樂於參與各種活動	一　引起動機 1.老師發現其實小米有好多不同的品種，臺東有一個小米學堂，導覽員會教我們很多有關小米的知識唷！ 二　發展活動 1.歷坵部落趴趴走： 　由導覽員帶著幼兒看部落裡的壁畫，並敘說部落的故事。 2.小米學堂上課嘍： 　（1）了解小米與原住民的淵源 　（2）了解不同品種的小米，和小米的成長過程。 　（3）讓幼兒可以看見古老的器具。 　（4）知道相關的禁忌。 3.排灣族風味餐： 　享用美味的午餐。 4.田間導覽：		

學習指標	教學活動	教學資源
認-大-1-2-1 觀察動植物的生長變化	到小米田裡導覽，讓幼兒更實際認識。 （1）觀察田裡會有什麼物種。 （2）小米長得如何，跟我們在學校種的有什麼不一樣。 5.小米麻糬DIY： 　動手做做看好吃的小米麻糬。 6.回到我們的部落。 三　綜合活動 　1.分享 　　與大家分享今天看見了什麼特別的東西，或是發生什麼有趣的事。	

活動7

課程名稱	小米長大了	年齡	大班
學習指標	教學活動		教學資源
身-大-1-2-2 覺察手眼協調的精細動作 認-大-1-2-1 觀察動植物的生長變化	一　引起動機 　1.團討 　　Q1：我們要怎麼知道小米有沒有長大？ 　　Q2：還記得我們之前去小米學堂時，導覽員說，小米長高了之後要做什麼事嗎？ 二　發展活動 　1.疏苗： 　　（1）請幼兒觀察哪個是小米，哪個是雜草。 　　（2）Q：為什麼要幫小米疏苗呢？ 　　（3）開始幫小米疏苗嘍。 　2.小米有多高： 　　量一量小米長高了多少並且記錄下來。 三　綜合活動 　1.小米記錄板： 　　在海報上畫出小米的高度和葉子模樣，並將小米高度寫下來。		

活動8				
課程名稱	小米保衛兵		年齡	大班
學習指標	教學活動		教學資源	
認-大-3-1-1 與同伴討論解決問題的方法，並與他人合作實際執行	一、引起動機 　1.團討： 　　最近小鳥發現我們有種美味的小米，就跑會跑來吃我們小米，你們覺得該怎麼辦呢？ 　　（EX：趕鳥器、稻草人、告示牌……） 二、發展活動 　1.分組： 　（1）趕鳥器組 　　　查找相關書籍，或是網路資訊，了解趕鳥器如何製作，分工合作想辦法製作。 　（2）稻草人組 　　　畫出稻草人模樣，在討論要怎麼製作，進而完成稻草人。 　（3）告示牌組 　　　討論要寫什麼內容，並寫在告示牌上。 　2.小米保衛兵： 　（1）將製作好的趕鳥器、稻草人、告示牌放到小米田裡。 　Q：如果你看到小米不怕這些趕鳥器、稻草人、告示牌，你會怎麼辦？ 三、綜合活動 　1.今天可以回家跟爸爸媽媽分享你們開始當「小米保衛兵」，除了用趕鳥器、稻草人、告示牌來趕走小鳥之外，還有什麼方法可以防止小鳥吃掉我們的小米。		書籍、電腦 紙、筆、素材 紙、筆	

活動9			
課程名稱	採收小米體驗	年齡	大班
學習指標	教學活動	教學資源	
社-大-1-6-1樂於參與各種活動	一、引起動機 　1.團討： 　　我們細心照顧的小米，現在終於可以收成啦！ 　　Q1：在收成前我們要先做哪些事呢？ 　　Q2：你們知道採收小米有什麼禁忌嗎？ 　2.邀請部落的耆老跟幼兒述說採收過程和禁忌。 二、發展活動 　1.採收小米示範： 　　由部落耆老示範如何採收。 　2.採收小米體驗： 　　分組體驗採收小米的過程。 　3.小米日光浴： 　　將採收好的小米，鋪在陽光底下，讓小米曬日光浴。 　　Q：你們知道為什麼小米採收後要曬太陽嗎？ 三、綜合活動 　1.學習單：採收小米 　　畫下採收小米的過程。		

活動10				
課程名稱	小米大風吹		年齡	大班
學習指標	教學活動			教學資源
認-大-1-1-5 運用標準單位測量自然現象或文化產物特徵的訊息	一、引起動機 　1.團討： 　　Q1：你們知道要怎麼把一把一把的小米，變成一粒一粒的嗎？ 　　Q2：那你們知道為什麼要幫小米脫穗嗎？ 　2.討論後與幼兒一起幫小米脫穗。 二、發展活動 　1.小米有多少？ 　　先測量一把一把的小米有多重，並讓孩子預測幫小米脫殼去殼後，會剩下多重的小米。 　2.小米脫殼： 　　將一把一把的小米放入臼中，讓孩子體驗用木樁搗小米，幫小米脫殼。 　3.小米去殼： 　　脫殼後就讓孩子把脫好殼的小米放到網篩上，從高處落下，利用風吹的方式將米糠與小米分開。 　　Q1：為什麼從高高的地方把小米落下，就能把米糠和小米分開呢？ 　　Q2：為什麼風可以把米糠吹走，留下好吃的小米呢？ 　4.小米剩多少？ 　　讓孩子測量去殼後的小米有多重，比一比跟原本的小米差了多少。 三、綜合活動 　1.與幼兒討論小米可以做成什麼美味料理。			秤 臼、木樁 篩子

活動11				
課程名稱	排灣族大力士		年齡	大班
學習指標	教學活動			教學資源
語-大-2-2-2 針對談話內容表達疑問或看法 認-大-3-1-1 與同伴討論解決問題的方法，並與他人合作實際執行	一 引起動機 　1.與幼兒共讀自編繪本【排灣族大力士】： 　　故事概述：排灣族族人都會種很多的小米，每年收穫祭的時候，族人們都會一起去幫忙搬小米，搬著搬著，大家就有一個想法，讓青年人、壯年人舉辦一場揹小米負重比賽，看看誰是排灣族的大力士，得到第一名的人就能得到部落給予最強者的榮譽。 　2.告訴幼兒今天我們就要來舉辦一場排灣族大力士的比賽。 二 發展活動 　1.排灣族大力士比賽： 　　（1）將小孩分成兩兩一組 　　（2）孩子自行討論一次要揹多重的小米、如何讓兩邊的竹籃平衡、如何可以輕鬆的揹很多小米。 　　（3）限時兩分鐘，看哪一組可以搬最多的小米到終點。 　　（4）時間到時，讓孩子自己秤重，量量看自己組總共揹了多少小米。 　2.團討： 　　Q1：在揹的過程中有沒有找到比較輕鬆揹小米的方式？為什麼這種方式會比較輕鬆呢？ 三 綜合活動 　1.請幼兒將今天排灣族大力士比賽的過程或遇到什麼困難畫下來並請幼兒上臺分享。			扁擔、小米、秤

活動12				
課程名稱	小米麻糬，搗搗搗		年齡	大班
學習指標	教學活動		教學資源	
認-中-3-1-1 參與討論解決問題的可能方法並實際執行	一 引起動機 　1.教師演戲： 　　T1：今天突然好想吃小米麻糬喔！ 　　T2：我們教室有一包小米！但是小米麻糬要怎麼做啊？ 　　T1：嗯……是把生的小米直接搗一搗就會變小米麻糬嗎？ 　　T2：應該不是吧，小朋友你們知道要怎麼做小米麻糬嗎？ 二 發展活動 　1.團討： 　　Q1：如何將生的小米變成小米麻糬？ 　2.分組實驗（分四組）： 　　第一組搗100下　第二組搗200下 　　第三組搗300下　第四組搗400下 　　先讓幼兒預測哪一組的麻糬的延展性最好，全班一起實驗哪組小米麻糬可以拉得最長，延展性最好，並記錄下來。 　3.團討： 　　Q1：為什麼煮熟的小米搗一搗就會黏在一起呢？ 　　Q2：那為什麼不是搗最多下的麻糬最黏呢？ 三 綜合活動 　1.分享搗小米麻糬過程中的困難，後來怎麼解決了？ 　2.分享覺得搗幾次的小米麻糬是最好吃的。		臼、木樁	

活動13				
課程名稱	我們的小米粥		年齡	大班
學習指標	教學活動		教學資源	
認-大-1-2-2 觀察大自然現象的特徵變化	一、引起動機 　1.團討： 　　拿出小米問幼兒，你們想一想小米可以做成什麼好吃的食物？ 二、發展活動 　1.討論小米粥要怎麼煮？小米和水的比例要怎麼抓？ 　2.分組實驗（將幼兒分成3組）： 　　第一組：小米：水＝1：6 　　第二組：小米：水＝1：7 　　第三組：小米：水＝1：8 　3.煮的過程中觀察水蒸氣，並問幼兒 　　Q1：為什麼會有水蒸氣？ 　　Q2：你們還有在哪裡看過水蒸氣？ 　　讓孩子知道水蒸氣是由很多小水滴組成的，再讓孩子們用透明墊板放在水蒸氣上後，在墊板上畫畫，仔細觀察，就能發現上面有一顆一顆的小水滴了。 　4.小米粥煮熟後，讓孩子們利用視、嗅、味、觸覺來感受3組不同比例煮出的小米粥，有什麼不同的地方，再問幼兒 　　Q1：哪一組的小米粥最軟？ 　　Q2：哪一組的小米粥最稀？ 　　Q3：哪一組的小米粥最稠？ 　　Q4：為什麼一樣的小米，會煮出不同口感的小米粥呢？ 三、綜合活動 　1.分享最喜歡哪一種比例煮出來的小米粥。 　2.分享在家最喜歡小米粥加什麼配料。		鍋子、電磁爐	

活動14				
課程名稱	vuvu的吉拿富		年齡	大班
學習指標	教學活動		教學資源	
社-大-1-6-1 樂於參與各種活動	一 引起動機 　1.團討： 　　Q1：排灣族的祭典中會出現哪些跟小米有關的食物？ 　2.邀請vuvu出場，請他教孩子們做吉拿富。 二 發展活動 　1.vuvu的吉拿富 　　請vuvu教孩子怎麼包吉拿富，讓孩子體驗包吉拿富的過程。 　　Q1：我們要怎麼樣才能讓全班的吉拿富一樣大，不會有些大大的有些小小的？ 　2.煮吉拿富囉： 　　Q2：什麼原因會影響吉拿富吃起來的口感？ 　　　分組實驗（提醒：因為我們是做實驗，所以可能會浪費一些食材。） 　　第一組：煮20分鐘　第二組：煮40分鐘 　　第三組：煮60分鐘 　　讓孩子從視覺、觸覺、味覺來感受煮不同時間的吉拿富有什麼不一樣的口感。 　　Q3：哪一組的最不黏？哪一組的最黏？ 　　Q4：比較還沒煮的小米跟煮成吉拿富的小米有什麼不一樣？ 　3.吉拿富的意義： 　　Q5：排灣族人什麼時候會做吉拿富？ 　　Q6：你們知道吉拿富對於族人來說有什麼意義嗎？ 三 綜合活動		小米、豬肉餡、假酸漿葉、月桃葉 鍋子、電磁爐	

| | 1.讓幼兒製作一本吉拿富的食譜，可以畫出幼兒想包進吉拿富的配料、包吉拿富的步驟、烹煮時間。 | |

活動15

課程名稱	收穫祭故事集		年齡	大班
學習指標	教學活動		教學資源	
語-大-2-5-2 運用自創圖像符號標示空間、物件或記錄行動	一 引起動機 　1.我們最近做了很多有關收穫祭的活動，老師想邀請小朋友把你們有印象的活動，編成一本故事集。 二 發展活動 　1.照片回憶： 　　將班上所做的活動照片，挑重點秀給幼兒，並一邊回憶當時的情境及發生的事情。 　2.老師示範： 　　老師先示範如何編成故事集。 　3.收穫祭故事集： 　　幼兒開始編故事集，老師可在旁適時給予協助。 三 綜合活動 　1.收穫祭故事集分享 　　每個人上臺分享他的故事集。		影音設備 紙、彩色筆	

（二）教材設計（含學習單）

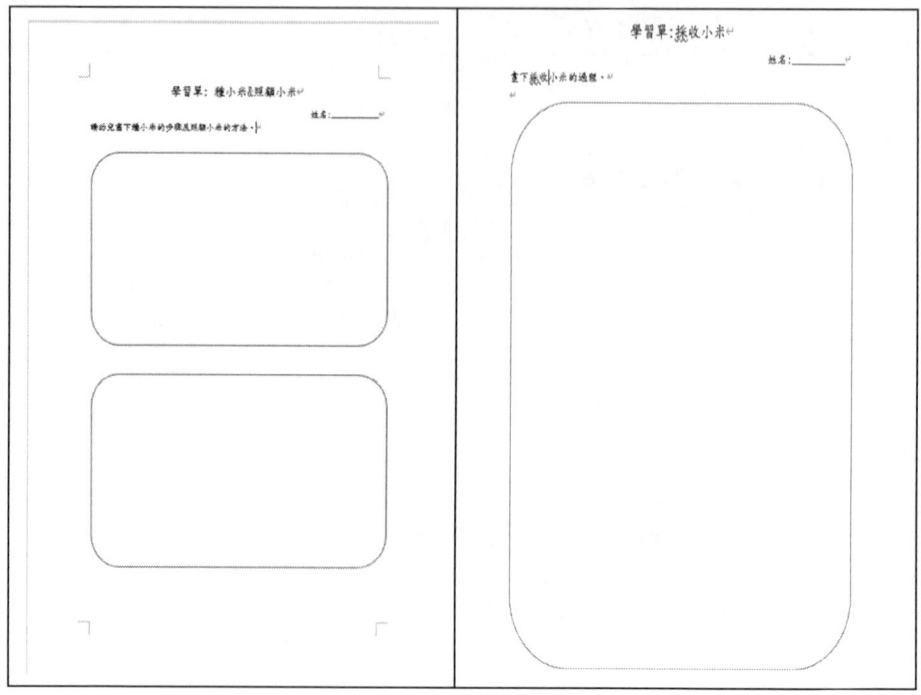

（三）配套教具

如活動11使用的自製繪本《排灣族大力士》。

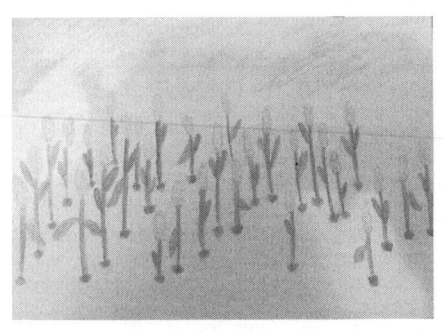

圖一

圖二

圖三

圖四

（四）課程設計參考資料／網站

1. 臺灣原住民族　資訊資源網
   http://www.tipp.org.tw/ceremony.asp?CD_ID=287
2. 原住民數位博物館
   https://www.dmtip.gov.tw/web/page/detail?l1=2&l2=52&l3=23&l4=99

3. 小米麻糬

   file:///C:/Users/kristin/Downloads/13861_nphssf2017-080802.pdf

4. 澱粉的分子構造

   https://www.youtube.com/watch?v=ZxsDMm3bTNQ

5. 負重比賽

   http://www.tipp.org.tw/news_article.asp?F_ID=41901&PageSize=15&Page=1450&startTime=&endTime=&FT_No=&NSubject_No=&SelectSubject=&Subject_No=&SubSubject_No=&TA_No=&Orderby=&KeyWords=&Order=&IsSelect=

6. 小米脫穗

   http://stlc.dsa.fju.edu.tw/%E5%8E%9F%E6%95%99%E6%B7%B1%E8%80%95-%E5%8E%9F%E5%8A%9B%E5%82%B3%E6%89%BF/stand.aspx?type=1&id=5

7. 吉拿富

   https://www.agriharvest.tw/archives/60175

8. 歷坵小米學堂

   https://twpang.com.tw/blog/post/xiaomi_school

玉光校訂課程設計
── 玉你議起彩集家鄉的美

黃子瑄、徐翎甄、陳曉蓉、王祈雯、劉芷寧、施怡如

國立屏東大學教育學系師資生

一 緣起

　　本次玉光國小校訂課程教案設計主要是由屏東大學的六位師資生，與玉光國小的張劭永主任、戴明宏老師、吳彥蓉老師與唐正因老師共同討論與不斷修正之成果。

　　促成此次合作起因於USR計畫中「三師共學理念」之實踐，實踐內容以該校閱讀教育、食農教育以及家鄉色彩等三個面向作為發想，在此會分享三個主題的設計理念、課程架構、特色，設計歷程中通過設計發想、溝通討論、經驗交流與所遇到的困難，以及在合作中師資生發表想法、設計教案，國小教師端給予回饋的方式來落實計畫目標。

　　因此，我們想透過專書來分享玉光校訂課程設計之過程，除了成果與收穫之外，更多的是藉由這次學到的實務經驗，期望在未來教學現場能加以運用，同時落實三師共學的教育目標，讓更多人看見此次合作所帶來的效益。

二 合作與困境

　　在設計課程的過程中，六位師資生依不同主題分組，利用兩次的視訊會議和平時的群組訊息進行交流，與玉光國小的教師們討論課程的設計方向與可行性，教案主要是由師資生提出想法，教師依據教學經驗給予回饋，比如

課程在教學現場實施時可能會遇到的問題，或是在課程的內容、節數安排上給出意見讓師資生得以進行修正。

教案設計完成後，由於師資生礙於疫情或其他現實因素，無法進入場域實施所設計的教案，相對地就無法得知這套課程的實施成效為何。而現場教師對課程的理解也會與師資生最初的設計理念有所出入，因此，在成效上面當然有一定的落差。

由於師資生教學經驗並不是那麼充足，在設計教案方面，可能會出現一節課的內容過多或過雜的狀況，導致時間上會有不足的情形，在這一方面還需要由現場教師協助師資生修改其教案內容。在教案內容實施的可行性上，師資生相對不是那麼熟悉，有可能在教案設計中加入一些可行性不高的內容或活動，因此，需要現場教師協助調整及給予建議；此外，在評量上，師資生需思考如何利用學習單，使學生將所學知識內化至本身，評量界定上應盡量明確並符合學習目標，這方面則需仰賴現場教師經驗的協助。

三　各組教案設計

（一）閱讀教育——真相只有「議」個

1　教案設計理念

為實施「大學社會責任實踐計畫（USR）——朱雀先驅：屏東偏鄉三師共學模式」，本教案以玉光國小校訂課程——閱讀教育的「媒體識讀與社會議題」為主題，針對高年級學生設計。在這個訊息接收簡單又快速的世代，接收訊息的管道及資訊傳遞的形式更加多元化。伴隨著假訊息更頻繁的出現，與社群媒體中的種種聲浪，如何作個良好的閱聽者，儼然成為數位原民們應具備的基本能力。透過新聞類別的介紹、假訊息的判斷融入於各議題中，讓學生們能學習透過自我的觀察、思考及表達，將這些能力應用到解決真實生活的問題當中。

透過真實的假訊息案例分析與觀察,使學生能具備判別訊息的敏銳度。還會讓學生分析合理可信的新聞文本,幫助學生運用這些特徵,初步區別出哪些資訊可能為可信的事實。

另外,課程中包含大量的社會議題解讀與延伸思考,學生能了解現今所存在的社會現象與事件,反思及具體規劃自己的行動,作為改變及關心議題的契機,啟發他們能夠主動去關心全球的重要議題與事件。

2　課程設計

領域／科目	國語文、社會	設計者	第1-2節、14-19節:陳曉蓉 第3-13節、第20節:王祈雯
實施年級	高年級	總節數	20
單元名稱	「真相」只有「議」個			

總綱核心素養
E-A2 具備探索問題的思考能力,並透過體驗與實踐處理日常生活問題。 E-B2 具備科技與資訊應用的基本素養,並理解各類媒體內容的意義與影響。 E-C1 具備個人生活道德的知識與是非判斷的能力,理解並遵守社會道德規範,培養公民意識,關懷生態環境。

議題融入	閱讀素養教育、環境教育、海洋教育、人權教育、性別平等教育、國際教育、品德教育、多元文化教育、科技教育

學習目標
認知: 1. 了解文本中的重要訊息與觀點,並能以自身的觀點表達對事件的看法。 2. 透過網路或報章雜誌等資源,去蒐集與重要議題相關之資料,從中判斷議題之重點。

情意：
1. 透過課程實作評量，能願意注意並主動關心國際及國內的重要議題。

技能：
1. 學會判讀報章雜誌、新聞等多媒體的訊息，並能辨讀其中的真偽。
2. 能操作訊息查證功能之相關網站，驗證訊息的正確性與可信度。
3. 記錄學習歷程的心得感受與收穫，並能實際應用於日常生活。

3　教案重點主題

圖一　真相只有「議」個——封面

希望學生能透過網際網路或報章雜誌等資源，理解即使是相同的事件，隨著立場的不同而產生不一樣的觀點，從而培養出媒體識讀的能力，且能主動關注並覺察國際與本土的社會議題，如圖一的圖案元素有海洋塑膠危機、Covid-19肆虐議題等，經由與他人之間相互的討論與意見之交流，從而歸納出屬於自己的觀點。

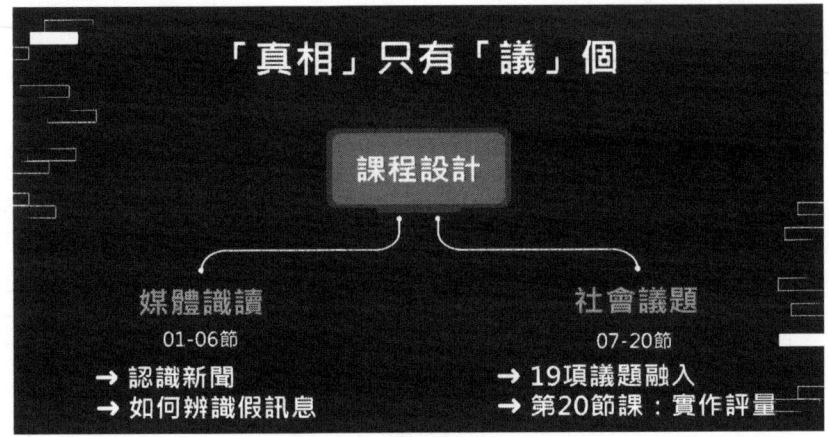

圖二　真相只有「議」個——課程設計

課程架構

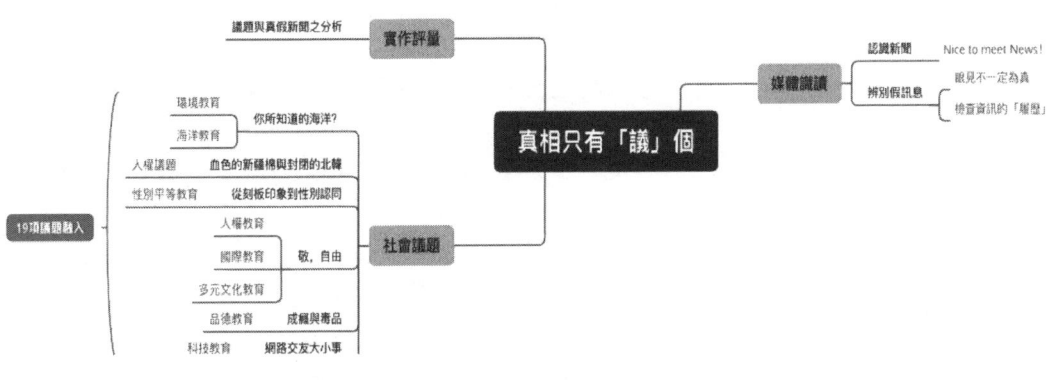

圖三　真相只有「議」個——課程架構

主題	課程名稱及節數	課程特色
媒體識讀	Nice to meet News！ 01-02節	• 認識何謂「新聞」，並傳遞其概念：撰寫的主題相同，但是立場不同所產出的內容不盡相同
	真相只有一個 03-04節	• 透過假訊息的範例，培養學生能透過文字或圖片的線索，判斷資訊是否可信 • 實際去查證相關資訊之圖片與其說明之正確性
	檢查資訊的「履歷」 05-06節	• 透過新聞的發布日期、新聞作者、發布媒體是否可靠、文本中照片來源的標示、內容消息來源的明確性，作為初步辨識假訊息的基本根據 • 學生須合作及討論，親自去搜集資訊文本並分析
社會議題	你所知道的海洋？ 07-09節	• 議題融入：環境教育&海洋教育 • 課堂會利用影片及buzz group等討論方式來了解海洋的塑膠垃圾危機 • 透過學習單、環保日記等實作活動，讓學生能真正落實垃圾減量之行動
	血色的新疆棉與封閉的北韓 10-11節	• 議題融入：人權教育 • 使學生理解「基本人權」並非人人皆有，這世界上還是有很多國家的人民不如我們一樣能自由行使「應有」的權利 • 透過影片讓學生深入了解此議題，並融入真假新聞之判別
	從刻板印象到性別認同 12-13節	• 議題融入：性別平等教育 • 以跳脫性別刻板印象為目的，利用性別光譜去認識不同的性別氣質及性傾向 • 使學生學會尊重，以正面態度去面對所有性別氣質的人們
社會議題	敬，自由 14-16節	• 議題融入：人權教育&國際教育&多元文化教育 • 以二二八事件為主軸，並介紹出其延伸的議題 • 介紹國際特赦組織的寫信馬拉松活動，讓學生能意識到其他國家正面臨的相關人權議題

玉光校訂課程設計──玉你議起彩集家鄉的美 ❖ 245

主題	課程名稱及節數	課程特色
社會議題	成癮與毒品 17-18節	• 議題融入：品德教育 • 讓學生了解毒品的分級及其可能造成的危害，使其遠離毒品
	網路交友大小事 19節	• 議題融入：科技教育 • 讓學生了解何謂「網路性霸凌」，並傳遞適當使用交友軟體之優點
	實作評量 20節	• 各組利用課餘時間去搜集議題相關資訊與真假新聞之分析與判別，作為課程之成果展示 • 利用同儕互評表分析他組的優缺點，給予建議與回饋並從中學習

班級：＿＿＿＿＿　姓名：＿＿＿＿＿　座號：＿＿＿＿

我的一週垃圾足跡

星期一	星期二	星期三	星期四	星期五	星期六	星期日
上午	上午	上午	上午	上午	上午	上午
下午(包含晚上喔) 範例：塑膠杯+塑膠吸管	下午	下午	下午	下午	下午	下午

除了文字描述之外，也可以用畫的喔！

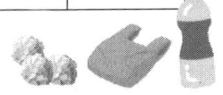

圖四　「我的一週垃圾足跡」學習單。針對課程「你所知道的海洋？」所設計，記錄學生於一個禮拜中產生的垃圾，目的在於使學生能夠意識到，自己在無形中製造之垃圾量的多寡

4　希望課程可以帶給學生什麼？

身為新生代的數位原住民，學會基本的資訊判讀、能知道並操作相關之訊息驗證的網站或管道，培養出對任何來源之資訊有相當的敏銳度，而非全然的相信與接收，都是媒體素養的基本技能。

除此之外，閱讀素養更為一切的根本，從多種文本中抓取其重點，分辨作者立場與觀點，再以自身觀點闡述整個文本而不被既有的想法所影響，才能成為一個良好的閱聽者。也希望透過社會議題的課程，學生從中學會如何運用網路上的資訊，主動覺知並探究國際與本土相關之重大議題，親自去實踐想法與行動，將自己的學習歷程及感想收穫，確實應用在解決日常生活的問題之中。

（二）食農教育──非常聊玉

1　教案設計理念

本教案設計運用玉光國小校訂課程──「非常聊玉」進行設計，此課程的學生皆為四年級，因玉光國小所在的佳冬鄉特產為西瓜，且學童家長也多從事種植西瓜與嫁接西瓜的工作，希望藉由該課程，讓學生深入了解家鄉特色，並意識到西瓜產業對當地的重要性，及讓學生能實際體驗如何嫁接西瓜苗與種植西瓜。

學生會以小組為單位進行課程體驗，透過西瓜種植，讓學生在小組內與組員進行人際互動，學習經營人際關係，同時組員之間須建立團隊合作的默契，培養學生合作學習的能力。

課程實施方式會透過教師及家長口述西瓜生長史、嫁接與種植西瓜苗，同時搭配學習單、PPT、圖卡等教具，豐富教學內容，使學生對西瓜的認知更為具體，且會運用西瓜日誌、kahoot、李克特五點量表及綜合回饋單作為多元評量的依據，檢視學生是否完成該階段的任務，最後透過教師指導學生運用剪輯軟體，產出屬於各組的學習記錄，進而達成該課程的學習目標。

2 課程設計

領域／科目	社　會	設計者	劉芷寧、施怡如
實施年級	四年級	總節數	21
單元名稱			非常聊玉
總綱核心素養			
E-C2　具備理解他人感受，樂於與人互動，並與團隊成員合作之素養。			
議題融入			環境教育、科技教育、戶外教育
學習目標			
1.能清楚描述西瓜四個生長階段的過程 2.能透過同儕合作，實際探究種植西瓜的過程，並產出學習的成果 3.經由學習的過程，珍視人際關係與團隊合作的重要性			

3 教案重點主題

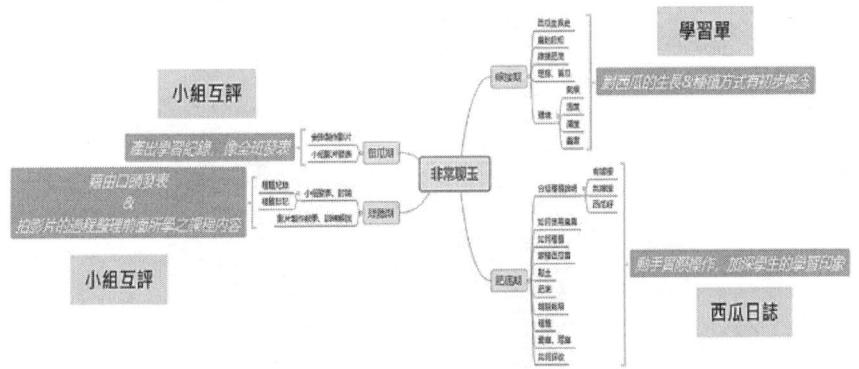

圖五　非常聊玉——課程架構

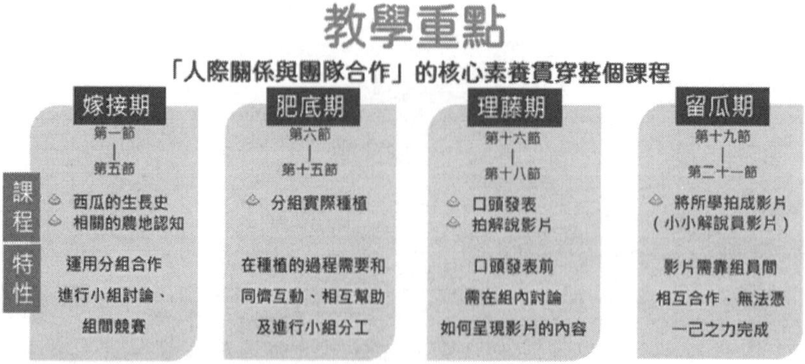

圖六　非常聊玉──課程設計

圖七　非常聊玉──封面

由於佳冬鄉是西瓜的故鄉，又因為玉光國小位於佳冬鄉，在學生的家庭中，家長大多數都是從事種植西瓜或嫁接西瓜苗的工作，因此，學校為了讓學生更加了解自己的家鄉，進而發展出「非常聊玉」這套課程，目的就是希望能讓學生認識家鄉的特色，並知道西瓜產業對於自己家鄉的重要性。課程不單單只有知識的傳達，更重視的是讓學生能在課程中學習如何嫁接西瓜苗，以及讓學生嘗試在玉光國小的小農地實際體驗種植西瓜。

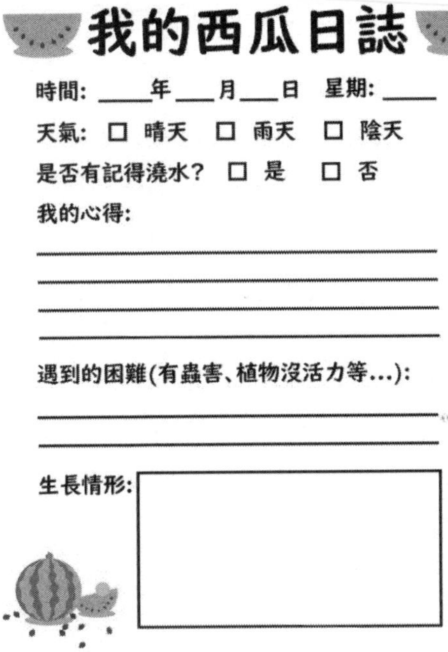
我的西瓜日誌

時間: ____年___月___日　星期: ____

天氣: ☐ 晴天　☐ 雨天　☐ 陰天

是否有記得澆水? ☐ 是　☐ 否

我的心得:

遇到的困難(有蟲害、植物沒活力等...):

生長情形:

圖八　非常聊玉──學習單

每位學生都會有一本屬於自己的西瓜日誌，目的是希望學生在第六節至第十五節課中，記錄自己小組在玉光國小小農地的種植成果。雖然是日誌，但也可以是週誌，學生並不會每一週只觀察一次，只要有時間都能到小農地觀察西瓜並記錄，這些西瓜日誌的記錄，會以小組為單位，在課程的最後幾節課中，作為產出屬於小組影片成果的參考資料，因此，每一位學生的記錄都是非常重要的，唯有透過團隊合作的方式，才能讓小組的影片更加豐富。

4　希望課程可以帶給學生什麼？

（1）能清楚描述西瓜四個生長階段的過程

期望玉光國小的學生能夠與在地連結，透過此課程熟悉四個西瓜生長時期，並在了解過後，不只將知識停留在紙上，而是讓學生能動手實際種植，親自體會種植西瓜的過程。

（2）能透過同儕合作，實際探究種植西瓜的過程，並產出學習的成果

玉光國小希望學童能在升上高年級時，嘗試參與專題比賽，因此，欲透過此課程預先讓學生培養探究之能力，期望在升上高年級後能夠將該能力學以致用。另外，透過產出學習成果的方式，訓練學生能完整流暢的解說西瓜的生長過程，建立學生自信與提升其表達能力。

（3）經由學習的過程，珍視人際關係與團隊合作的重要性

各課程讓學生了解如何建立與維護自己的人際關係，唯有透過團隊合作的方式，才可完成教師指派之任務及符合課程之需求，讓學生能夠意識到人際關係與團隊合作背後的目的，如此便可將團隊合作的效益發揮到最大化。

（三）家鄉色彩——家鄉彩集趣

1　教案設計理念

從學生背景來說，學生的家庭近二分之一是弱勢，加上學校位於偏鄉，所以文化刺激弱，且許多學生缺乏自信；從科技發展切入，由於網路、科技的普遍化，使用3C產品的年齡層降低，雖然讓兒童越早擁有廣闊視野，卻也可能造成對生活環境的認識降低，缺乏對家鄉歷史的了解，因此希望學生能夠以了解在地作為起點，讓學生透過行動從生活深入家鄉歷史，進而熱愛、關心這片土地。而課程設計上加入了實地參訪讓學生透過深入行動，從

生活去了解家鄉歷史與特色,並利用網路資料、文獻等方式讓學生站在更客觀的角度,從他人文字來了解歷史,在所有課中鼓勵學生透過分享想法與作品來學習口語表達能力,期望讓學生增進對家鄉的了解並拓展視野,進而增進學生信心。

2 課程設計

領域／科目	國語:學生能了解文本資料並從中學習摘要、比較、分析 社會:學生能家鄉歷史中事件與整體脈絡 綜合:學生能學習與人溝通,並在實踐活動中體驗環境發現家鄉之美	設計者	黃子瑄、徐翎甄
實施年級	高年級	總節數	20節

總綱核心素養
E-A2 具備探索問題的思考能力,並透過體驗與實踐處理日常生活問題 E-A3 具備擬定計畫與實作的能力,並以創新思考方式,因應日常生活情境 E-B2 具備科技與資訊應用的基本素養,並理解各類媒體內容的意義與影響 E-B3 具備藝術創作與欣賞的基本素養,促進多元感官的發展,培養生活環境中的美感體驗 E-C2 具備理解他人感受,樂於與人互動,並培養與團隊成員合作之素養 E-C3 具備理解與關心本土與國際事務的素養,並認識與包容文化的多元性
素養融入說明
此課程設計主要融入的核心素養為「人際關係與團隊合作」、「多元文化與國際理解」,由於學生的能力、經驗不同,在每個課程主題的活動設計上均有分組作業、任務,希望學生能藉由團隊合作來溝通交流,藉此培養與人互動、口語表達的能力,以及共同深入了解家鄉的歷史與特色,讓學生彼此有更多機會拓展視野。   實地參訪的兩個地點分別為石光見菜市場與廣惠宮,其為學生生活中

較具文化歷史氣息之處，從食與建築特色開始，讓學生能用眼睛觀察平常被忽略之處，進而引起更多心的收穫與體驗。

在資訊主題課程中，希望先教導學生基本的網路搜尋須注意事項，讓學生了解網路資訊的便利性、可靠性，以及多元性，進而讓學生實際操作來學習搜尋家鄉的歷史資料、文獻。

議題融入	1. 環境教育 2. 戶外教育 3. 資訊教育
學習目標	
1. 主動參與活動，能與團隊合作完成任務 2. 透過教師引導，學生能發揮創意來製作作品 3. 能從此課程設計中，發現家鄉之美 4. 能透過記錄課程內容反思自我與家鄉之連結	

3　教案重點主題

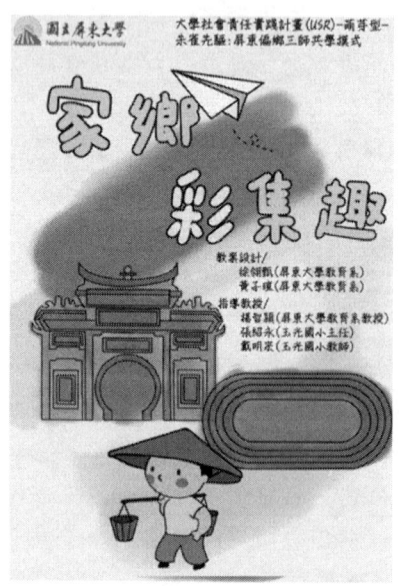

圖九　家鄉彩集趣──封面

家鄉對我們而言只是一個地區嗎？家鄉對學生而言是否僅僅只是一個地區？那這個地區內的建築、文化特色是否也是家鄉的一部分呢？在這個地區內的建築、文化特色是否會以家鄉的一部分烙印在學生腦中？這次的教案設計內容我們大致分為三個主題讓學生進一步探索家鄉，也讓學生透過學習單的練習，從中找到屬於家鄉的顏色⋯⋯在課程的最後，會利用心智圖讓學生彙整這學期對課程脈絡及內容的理解。

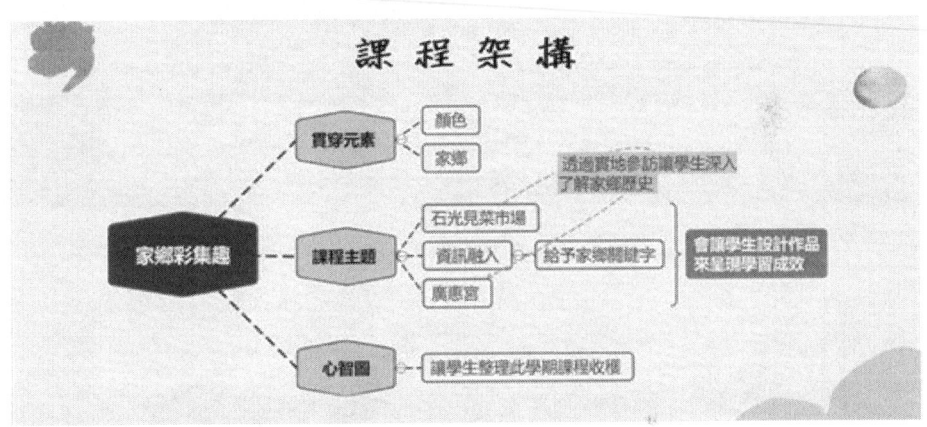

圖十　家鄉彩集趣──課程架構

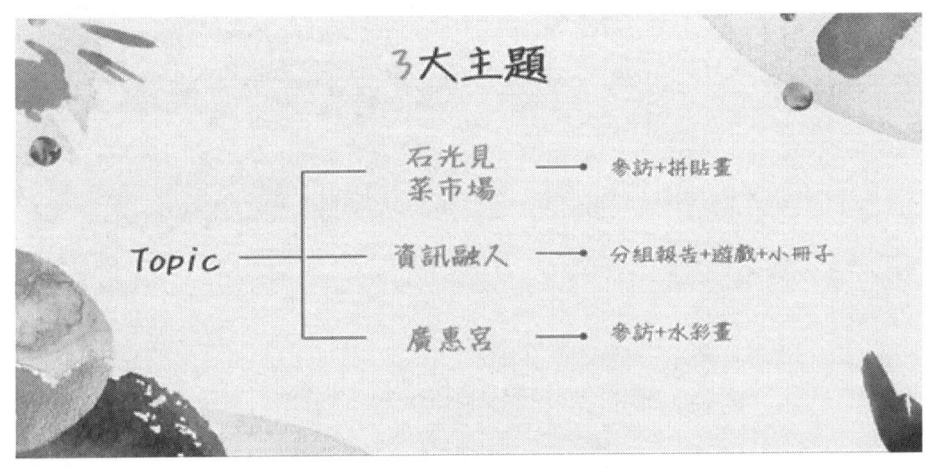

圖十一　家鄉彩集趣──課程設計

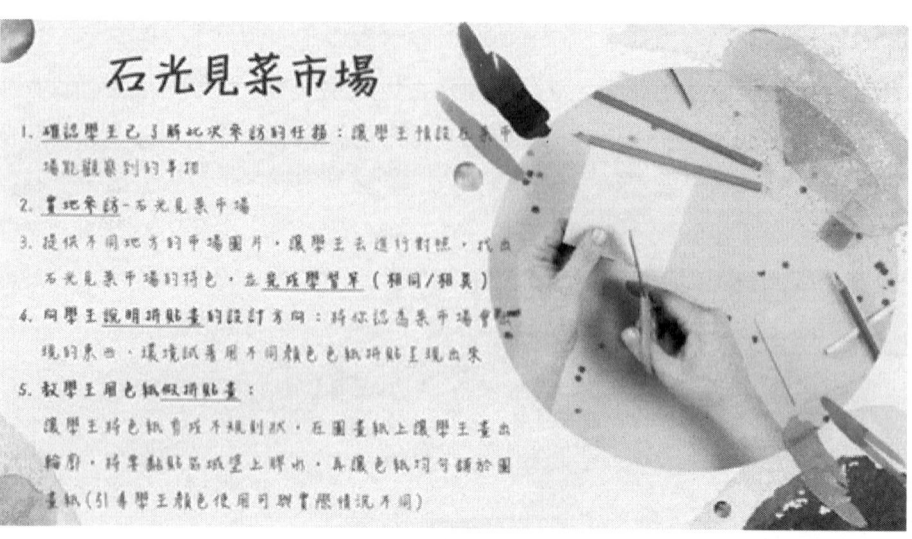

圖十二　石光見菜市場實地踏查教學流程

圖十三　廣惠宮實地踏查教學流程

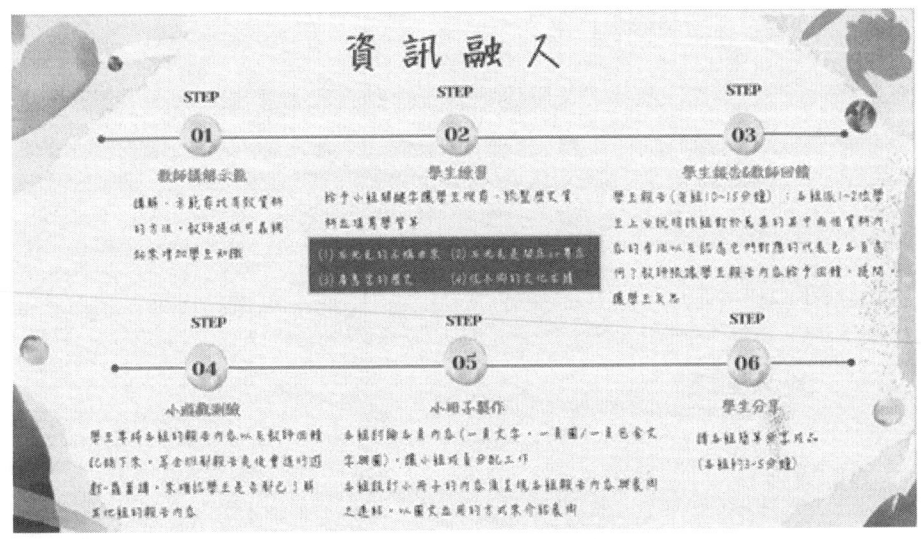

圖十四　資訊融入課程教學流程

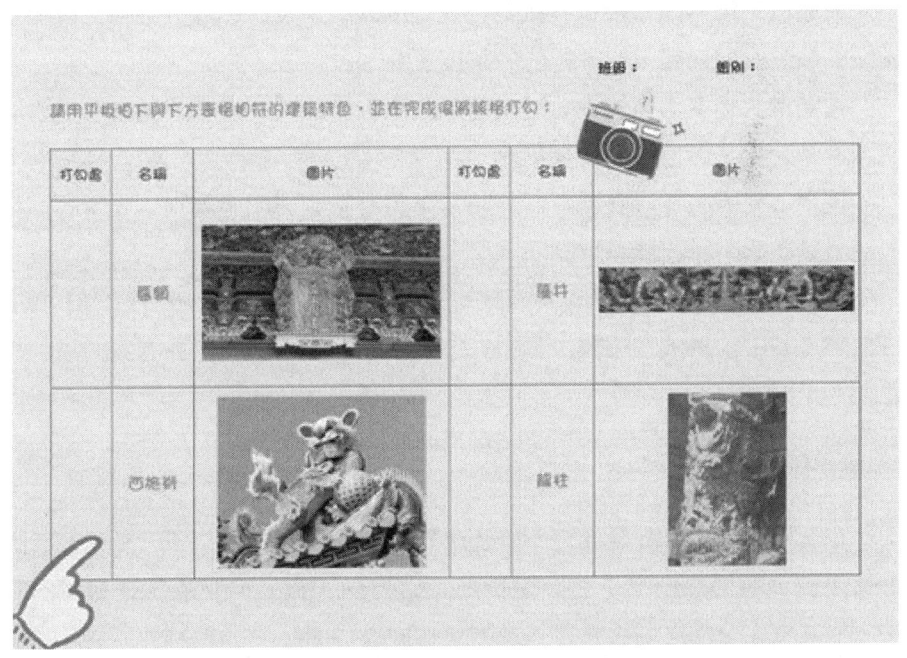

圖十五　家鄉彩集趣──學習單

4 希望課程可以帶給學生什麼？

這次設計的校訂課程，讓學生透過實際踏查和資訊融入教學，試著從日常生活中找尋色彩並創作出自己心目中家鄉的樣子，除了可以培養學生的觀察力外，也能讓學生產生對家鄉的認同感。

四　綜合探討

（一）教師回饋

1 實際建議

教學的時間掌控與配置：雖然各個教案課程內容豐富，但仍需留意是否安排過多活動而無法做好時間管理的問題。

與領域教師共同備課：各教案在進行議題融入及跨領域教學時，可與該領域的教師共同備課，使課程的完整度更高。

議題融入過多：可挑選若干議題融入課程中即可，過多的議題融入雖能使課程多元化，但也容易模糊焦點。

運用心智圖：在統整課程概念時，可將心智圖運用至課程中，幫助學生連結各個概念，而非僅呈現點狀式學習。

嘗試帶入SDGs的概念：各教案可思考如何將聯合國永續發展的十七項目標融入其中，讓教案不僅扣緊十二年國教的課綱，也與世界發展的趨勢相連結。

2 教學評量

在課程中的教學評量界定不是那麼標準與明確，例如：多元評量的活動名稱需要表達得更精準；在評量標準設定方面，會過於重視課程最後的評量，但其實在教學現場中，更強調的是形成性評量，而非總結性評量，這一點需要特別注意。

3　**教師立場**

在使用教案授課時，如遇到需討論的議題，教學者應保持開放的態度，不可強迫學生接納教學者本身的看法，更須留意是否讓自身的立場過度干涉到學生的觀點，而限制了學生的表達空間及思考機會。

（二）省思與收穫（對計畫的效益）

在與玉光國小的教師討論如何設計教案時，會擔心設計出來的課程內容方向與國小端的課程地圖理念不同，對於尚未接受專業教案設計課程的大二學生來說是一個很大的挑戰。

我們在設計教案時，會特別針對以下幾個點去做考量，像是：課程內容是否符合他們的認知發展過程，對於學生是否會太過困難？教學內容與教材及活動呈現的方式是否合宜？而最重要的是，我們設計的教案內容能否緊扣這堂課的核心概念，以及期望學生在課程當中能真正學習到的知識為何；雖然我們缺乏了實務經驗，但在設計課程當中，仍需時時提醒自己需要顧慮到教師在教學現場當中會遇到的狀況，透過在腦中對於現場狀況的模擬，來設計課程的整體流程規劃以及預留解決突發事件的時間。

在接受各位教師的回饋後，我們更加了解實際現場可能會遇到的狀況，也以此來修正我們的教學策略。不論是什麼主題的教案，每個課程的單元之間都必須要有連貫性，教師除了要清楚知道緣由外，也要讓學生能夠知道為什麼要學習這個課程，以及上完課後能帶給他們什麼收穫？

我們很榮幸參與這個計畫，經由視訊拉近與教學現場的距離，透過這個機會與教學現場教師交流，來習得實戰經驗，從中獲取教學中應注意的細節，這不但使課程內容設計趨於完善，也精進身為師資生所應具備的能力。雖然我們無法透過實踐所設計的教案來觀察需改進之處，並使其完善，卻也提供了現場教師一個可供參考的素材，也算是進一步昇華所有師資生的教案設計。

（三）未來展望

　　這次的USR偏鄉三師共學計畫為師資生與偏鄉學校的教師們建立起連結，在疫情期間透過線上的討論、交流與合作，不僅使師資生更加了解教學現場的實際情況，也讓師資生有增加實務經驗的機會，藉由這個計畫從中讓教師與師資生相互成長，期望偏鄉三師共學的計畫能持續進行，未來能有更多讓師資生與教師們共同合作的機會，創造出更加完善且能帶給學生更大效益的課程。

2020年 USR 大事記
online Expo

10.12
來去日本鄉下跨年級 -
鹿兒島的課室風景
（微學分課程）

佳義國小附設
視訊模式教

10.13
在玩中學教數學
（微學分課程）

11月

11.16
從創意發想到繪本 -
輕鬆玩出「語文力」
（微學分課程）

東海國小附設
視訊模式教

12月

03
USR
贈版

12.11
沉浸式英語教學講座
（微學分課程）

12.23 - 24
偏鄉教師專業發展
學分學程宣傳暨
小型成果展

3月

03
跨領域素養
大成國小

02.27
朱雀先驅：屏東偏鄉
三師共學模式
合作研商會議

2020.
2月

國立屏東大學 教育部大學社會責任計畫
朱雀先驅：屏東偏鄉三師共學模式

2021年 USR 大事記
online Expo

8月

08.10
計劃團隊教師至玉光國小
新書發表暨贈書儀式

08.10
線上沙龍講座2
「大學走進社區、社會走進校園：
學習模式的典範轉移」

08.17
計畫團隊教師至佳義國小
共同討論下學年辦理活動

2
小運算思維
用機器人進
域教學分享

08.20
原住民偏鄉USR
暨教材研發三師共學成果發表

5月

07.27
線上沙龍講座1
「USR・亮點
・出版：計畫執
行與專書寫作經
驗分享」

08.26 - 27
暨南大學
跨校計畫交流

05.03
義國小運算思維
及運用機器人進
跨領域教學分享

07.19 - 23
Fun English
線上夏令營

9月

05.04
海國小運算思維
及運用機器人進
跨領域教學分享

7月

07.09
玉光國小校訂課程
成果線上發表

09.06
計劃團隊教師至
佳冬國小與東海國小
新書發表暨贈書儀式

5.07
東縣縣政府
育處諮詢會議

06.17
埔子國小課程評量
設計成果線上發表

09.14 - 16
計畫團隊教師與師資生
至佳義國小辦理族語、文化活動

06.04
佳冬國小
課輔成果線上發表

06.08
玉光國小雙語課程
設計成果線上發表

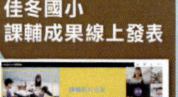

2020
USR online Expo
Chronology o...

國立屏...
朱雀...

10.12
Micro-credits Course:
Let's Cross Grades in Japan
Countryside -Classroom
Sceneries in Kagoshima

10.13
Micro-credits Course:
Teaching Math by
Having Fun

November

04.24
Video Ed...
at Pre-sc...
Jia-Yi Pri...

April

Video Ed...
Training...
Pre-scho...
to Dong...
School

11.16
Micro-credits Course:
Inspirations from
Creativity to Picture
Books – Learning
"Language Skills"
Through Play

03.25
Awards Ce...
of USR Pa...

December

12.11
Micro-credits Course:
Immersive English
Teaching Forum

03.24
Observations of I...
Literacy-based co...
at Da-Cheng Prim...

02.27
Suzaku Pioneer:
Seminar of
Pingtung Rural
Three-division
Co-Learning Model
of Educators

12.23 - 24
Credits Program Promotion and
Small-scale Exhibition of Achievemen...
of the Professional Development of
Rural Area Teachers

2020.
February

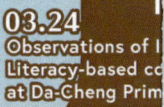

August

08.10
Book Launch and Donation Ceremony by Teachers of the Project Team at Yu-Guang Primary School

08.17
Forum of Events for Next Semester with Teachers of the Project Team at Jia-Yi Primary School

08.10
Online Salon Forum 2 "The University in The Community, The Society on The Campus: Paradigm Shift of Learning Style"

08.20
Achievement Presentations: Three-division Co-Learning of Indigenous People Remote USR and Teaching Material Research and Development

07.27
Online Salon Forum 1 "USR• Highlight• Publication: Experience Sharing of Plan Execution and Designated Book Writing"

08.26 - 27
Exchange of Cross-school Project at National Chi Nan University

07.19 - 23
Fun English Online Summer Camp at Jia-Dong Primary School

July

September

07.09
Online Exhibition of Achievements of Curriculum Evaluation Design of Wen-Zi Primary School

09.06
Book Launch and Donation Ceremony by Teachers of the Project Team at Jia-Dong Primary School and Dong-Hai Primary School

06.17
Online Exhibition of Achievements of Curriculum Evaluation Design of Wen-Zi Primary School

09.14 - 16
Indigenous Language and Culture Campaign by Teachers of the Project Team and Pre-service Teachers at Jia-Yi Primary School

06.04
Exhibition of ...ments of ... Primary Tutoring

06.08
Online Exhibition of Achievements of Bilingual Curriculum Design of Yu-Guang Primary School

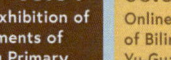

學術論文集叢書 1500020

朱雀點亮屏東偏鄉教育——USR 實踐之旅

主　　編	楊智穎、陳新豐
責任編輯	林以邠
特約校對	林秋芬
發 行 人	林慶彰
總 經 理	梁錦興
總 編 輯	張晏瑞
編 輯 所	萬卷樓圖書股份有限公司
	臺北市羅斯福路二段 41 號 6 樓之 3
	電話 (02)23216565
	傳真 (02)23218698
發　　行	萬卷樓圖書股份有限公司
	臺北市羅斯福路二段 41 號 6 樓之 3
	電話 (02)23216565
	傳真 (02)23218698
	電郵 SERVICE@WANJUAN.COM.TW
香港經銷	香港聯合書刊物流有限公司
	電話 (852)21502100
	傳真 (852)23560735

ISBN 978-986-478-551-3
2021 年 12 月初版
定價：新臺幣 400 元

如何購買本書：

1. 劃撥購書，請透過以下郵政劃撥帳號：
   帳號：15624015
   戶名：萬卷樓圖書股份有限公司
2. 轉帳購書，請透過以下帳戶
   合作金庫銀行　古亭分行
   戶名：萬卷樓圖書股份有限公司
   帳號：0877717092596
3. 網路購書，請透過萬卷樓網站
   網址 WWW.WANJUAN.COM.TW

大量購書，請直接聯繫我們，將有專人為您服務。客服：(02)23216565 分機 610

如有缺頁、破損或裝訂錯誤，請寄回更換

版權所有・翻印必究
Copyright©2021 by WanJuanLou Books CO., Ltd.
All Rights Reserved　　　　Printed in Taiwan

國家圖書館出版品預行編目資料

朱雀點亮屏東偏鄉教育——USR 實踐之旅/楊智穎, 陳新豐主編. -- 初版. -- 臺北市：萬卷樓圖書股份有限公司, 2021.12
　面；　　公分. -- (學術論文集叢書；15000020)
ISBN 978-986-478-551-3(平裝)
1.偏遠地區教育 2.教學設計 3.教學研究 4.文集

575.13　　　　　　　　　　　　　110019795